KB187540

사물과 비사물

DINGE UND UNDINGE : Phänomenologische Skizzen
by Vilém Flusser and Florian Rötzer

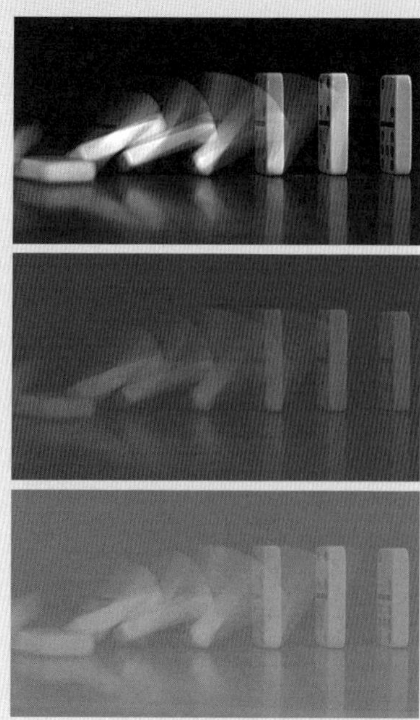

사물과 비사물

빌렘 플루서 지음
김태희 • 김태한 옮김

P 필로소픽

차례

일러두기

- [ ] 안의 내용은 옮긴이가 덧붙인 것이다.
- 모든 주석은 옮긴이가 작성한 것이다.
- 외국 고유명사 표기는 국립국어원의 외래어표기법을 따르되, 일부는 통용되는 표기를 따랐다.

내 주위의 사물들

Dinge in meiner Umgebung

내 주위의 여러 사물은 내게는 으스스하다. 그 이유는 내가 그런 사물을 이용하는 것처럼 보이지만, 실은 그것을 시중들고 있음을 알기 때문이다. 아니면, 그 이유는 그런 사물은 분명 내 재량에 맡겨져 내 마음대로 할 수 있는 것이고 내가 소유하는 것이지만, 나는 그것의 기능을 아주 어렴풋이만 알기 때문이다. 사실 나는 그런 사물이 무엇 때문에 작동하고 무엇을 위해 작동하는지 정확히 알지 못한다. 아니면, 그 이유는 그런 사물이 고도의 내적 복잡성을 지니는 데다가 어떤 고도로 지적인 분과학문의 산물인 것처럼 보이지만, 이런 분과학문은 실은 그 사물의 극히 보잘것없고 심하게 말하면 거의 백치 같은 성능과 아무 상관이 없기 때문이다. 내 주위의 사물들 가운데 이런 으스스한 것들은 "장치"라는 집합명사로 포괄할 수 있다. 몇 가지 예를 들자면 텔레비전, 자동차, 녹음기가 그렇다. 다른 변종들을 예로 들자면, 운전 면허증이나 수표책도 그렇다. 물론 이런 사물들의 으스스함은, 아니 더 기분 나쁘게 표현하자면 이런 사물들의 섬뜩함은, 이 사물들의 일상성과 익숙함이라는 두터운 지층들로 덮여 있기 때문에 대개는 이 지층들을 걷어내는 노고를 거쳐야 비로소 채굴된다.

나는 내 주위에 있는 [으스스하지 않은] 다른 사물들은 홀대할 만하다고 생각한다. 그 이유는 내가 그런 것들을 신뢰할 수 있고 실제로 간헐적으로 신뢰하기 때문이다. 그것들은 있어야 할 곳에서 언제든지 발견할 수 있음이 확실하다. 아니면, 그 이유는 내가 그것들을 소비했고 그래서 옆으로 밀어 놓았기 때문이다. 물론 그렇다고 내 주위에서 완전히 치워 버리지는 않더라도 말이다. 아니면, 그 이유는 그것들이 전혀 필요 없기 때문이다. 내게는 쓸데없는 그런 것들은 그냥 그렇게 내 주위에 널려 있다. 이런 사물들이라면 "시시한 것"이라는 (물론 매우 수상쩍은) 집합명사로 포괄할 수 있고 여기에서는 책이나 영화에서 흔히 말하듯이 "하이데거와의 어떤 유사성은 모두 순전한 우연일 것이다."[1] 이를테면 칫솔, 부러진

1 독일어에서 dummes Zeug은 '시시한 것'을 뜻하는 관용구이지만, 여기에서 사용되는 Zeug라는 명사는 하이데거의 철학에서 중요한 개념인 "도구"를 연상시키기도 한다. "하이데거와의 어떤 유사성"은 이를 가리킨다. 또한 그것이 모두 우연이리라는 말은, 흔히 실화에 바탕을 둔 책이나 영화에서 "이 사건은 모두 허구이며 인물과 사건의 유사성은 우연이다"라

담배 파이프, 튀르키예 칼 모양의 편지봉투 개봉 나이프가 이런 유의 사물이다. 그리고 또 다른 변종들도 예로 들자면, 회원증과 기도서도 그렇다. 이처럼 홀대할 만한 사물들에 주목하기는 대단히 어렵다. 어떤 내면의 목소리가 이것들을 눈여겨보라고 권하는 듯하지만.

나아가 내 주위에는 내가 소중히 아끼는 사물들이 있다. 그 이유는 내가 그 사물에 신체적, 경제적, 정신적, 감정적 에너지 등을 투여했고 그것들이 그 사물 안에 일정 정도 축적되어 있으므로 그것이 내게 값지기 때문이다. 아니면, 그 이유는 내가 (아마도 나와 가까운) 다른 사람들이 투여했던 이와 비슷한 비용을 그것에서 알아보기 때문이다. 아니면, 그 이유는 내가 이런 사물 없이 살아가기는 어렵거나 불가능함을 알기 때문이다. 내 주위에 있는 내게 값진 이런 사물은 "가치 있는 것"이라는 (전통적으로 숭상되어 온) 집합명사로 포괄할 수 있다. 가령 우리 집, 친구가 선물한 그림, 이 타자기가 그렇다. 또 다른 변종들을 예로 들자면, 나의 오랜 미출간 원고, 셰익스피어의 소네트들, 파에스툼[2]의 고대 사원이 그렇다. 이런 사물들에 관해 까다로운 물음은 내가 무엇 때문에 혹은

고 밝히는 것을 빗댄 표현이다.

2 파에스툼Paestum은 이탈리아 반도 남부에 건설된 고대 그리스의 식민도시 유적 중 한 곳이다. 도시를 처음 세웠을 당시의 이름은 '포세이도니아'였으나, 후에 로마에 정복되면서 파에스툼으로 불렸다. 기원전 550년에서 450년 사이에 도리스 양식으로 건축되고 각각 헤라, 포세이돈, 아테나에게 바쳐진 세 개의 신전 유적이 유명하다.

무엇을 위해 그것들을 아끼는가가 아니라, 어떻게 그것들을 감정하는가이다. 나는 그것들을 하나의 혹은 여러 눈금자에 배열하는가? 만일 그렇다면 어떤 눈금자에 배열하는가? 다른 물음도 있다. 이 "가치 있는 것" 중에는 "선"만 있는가, 아니면 "악"도 있는가? 아니면, 금욕적이고 동양적으로 이렇게 물을 수도 있다. 혹시 "가치 있는 것"은 기본적으로 모조리 "악"인가?

물론 내 주위의 어떤 사물은 이런 세 가지 집합명사 [장치, 시시한 것, 가치 있는 것] 중 어디에도 속하지 않는다. 특히 이른바 "자연적" 사물, 즉 자연과학에서 다루는 사물이 그렇다. 이런 사물을 장치라고 부른다면 터무니없을 것이다. 달걀이나 반려견처럼, 설령 내가 그것을 이해하지 못한 채 이용하더라도, 그리고 그것들이 복잡하더라도. 아니면, 이런 것을 시시한 것이라고 부르는 것도 터무니없을 것이다. 나선형 성운이나 담수 두족류의 생식기처럼, 내가 그것을 홀대하고 그것이 내게 쓸데없더라도. 혹은 이런 것을 가치 있는 것이라고 부르는 것도 터무니없을 것이다. 공기나 물처럼, 내가 그것 없이는 살 수 없다고 하더라도. 이런 터무니없는 말을 할 때면 나는 무언가를 위반한다는 막연한 느낌이 든다. 뭉뚱그려서 말하면, 내가 위반하는 이유는 "자연"과 "문화"의 경계를 무단으로 넘나들기 때문이다. 가령 자연에 시시한 것이 있다고 말하는 것은 무엄하므로 자연을 위반하는 것이다. 가령 문화 바깥에서 가치를 논하는 것은 반反인간주의이고 따라서 무엄함 이상이므로 문화를 위반하는 것이다. 그렇기는 하지만, 과연 자연과 문화의 경계는 뚜렷하게 알아볼 수 있는 것이란 말인가? 이들 사이에는 도처에 무인지대가 있고 도처에서 은밀한 월경越境이 일어나지 않는가?

바로 그렇다. 내 주위의 사물들은 분류될 수 없다. 이유는 두 가지이다. 첫째, 가능한 모든 분류는 일반적으로 많은 사물을 누락시키기 때문이다. 둘째, 가능한 모든 분류에 있어서 어떤 사물은 둘 이상의 부류에 해당하기 때문이다. 이는 매우 불만스러운 사실이다. 주위에 대한 하나의 분류, 아니 적어도 몇 개의 분류라도 가능하다면 올바른 방향을 설정할 수 있을 테니 말이다. 하지만 이처럼 주위를 분류할 수 없다면 우리는 고작해야 길을 잃지 않기를 도모할 수 있을 뿐이다. 두말할 나위 없이 내 주위의 사물은 나의 조건이다. 그러므로 "콘디치오 후마나conditio humana", 즉 인간의 조건은 매우 불만스럽다. 그 이유는 내가 나의 조건에 익숙해지지 못하기 때문이기도 하지만, 즉 그 조건에 만족할 수 없기 때문이기도 하지만, 나아가 그 조건 안에서 내가 실은 나 자신을 전혀 발견할 수 없기 때문이기도 하다. 즉 내가 그 안의 어디에도 소재하지 않기 때문이기도 하다.[3] 예를 들면, 나는 자연에도 없

3 이 문장에서는 finden(찾다)을 어근으로 하는 단어들, 즉 sich zurechtfinden(익숙하다), sich abfinden(만족하다), sich finden(자신을 발견하다), sich befinden(소재하다)을 나열하고 있다.

고 문화에도 없으면서 양쪽 모두에게 끊임없이 불의를 저지른다. 그렇다면 나의 조건은 자연적인가, 문화적인가, 둘 다인가, 아니면 나는 (위반할 수 있으므로) 부분적으로는 조건에서 벗어나 있는가?

이런 것은 한가로운 질문이다. 정확히 말하면, 이러한 질문이 한가로운 이유는 우리가 한가로울 때 묻는 질문이기 때문이기도 하지만, 물어야 할 질문이기 때문이기도 하다. 잘못된 어원을 전화위복의 기회로 삼는다면 말이다.[4] 그러나 이러한 질문이 한가로운 질문인 일차적인 이유는, 바로 인간의 조건에 만족하지 않는 것에 그 질문이 이어지기 때문이다. 또한, [카를 마르크스의] 유명한 말마따나 세계를 이해하는 것이 아니라 변화시키는 것이 중요하기 때문이다. 물론 이해하지 못하는 것을 어떻게 변화시킬 수 있을지 의문스럽지만. 그러므로 주지하듯이 바로 불만스러운 채 남아 있는 것이 중요하다. 만족스러운 주위란 묘지일 것이니[5] 인간의 불만은 역사의 원동력이다.

그러나 탈역사에 대한 담론에도 불구하고 만족의 위험은 그리 크지 않은 듯하다. 내가 사물들을 어떻게 고찰하더

---

4 müssig(한가롭다)와 müssen(…해야 한다)의 어원이 같다는 (잘못된) 생각에 빗대어서, 한가로운 질문은 물어야 하는 질문이라고 말하고 있다.

5 befriedigend(만족스럽다)와 Friedhof(묘지)가 공통적으로 Frieden(평화)과 관련됨을 빗대고 있다(물론 Friedhof에서 Fried는 '에워싸다'를 뜻하는 frīten에서 온 말이므로, Friedhof가 "평화"(Frieden)의 "뜰"(Hof)을 뜻한다는 것은 민간어원에 불과하다).

라도, 예컨대 위에서 언급한 세 가지 관점으로부터 고찰하더라도, 나는 결코 평온을 찾을 수 없다. 그러기는커녕, 그런 사물을 고찰할수록 불안해진다. 현재에 대해서만 그런 것이 아니다. 미래에 대해서는 더욱 그렇다. 내 주위의 사물들은 멈춰 있는 것이 아니라 다만 순간적 정황만 이루고 있기 때문이다. 이런 사물은 스스로 움직이거나 움직여진다. 그리고 내 주위는 항상 변동한다. 내 정황은 줄곧 변동하며, 나는 언제나 다른 정황에서 살아야 한다. 언제나 새로운 조건이 생겨난다. 한층 불안한 것은, 주위에는 늘 새로운 조건이 맹아 상태로 들어 있다는 점이다.

이를테면, 사물 중에서도 장치는 갈수록 만연하고, 가치 있는 것들은 갈수록 희소해진다. 그러니까 내 주위는 갈수록 으스스해지고 있으며 나는 내 주위를 갈수록 덜 아낀다는 것이다. 아니면, 내 주위의 시시한 것들은 쓸모없게 되고 쓸 수 없게 되므로 폐물 혹은 쓰레기가 되는 경향이 있음을 의미한다. 따라서 지금에는 나의 조건을 이해하기 위해서 가치의 철학보다는 장치의 철학이나 쓰레기의 철학이 필요하다. 다시 말해, 조건이 변할 가능성이라는 의미에서 나의 조건을 이해하기 위하여.

이것이 뒤에 이어지는 시론試論들의 동기이다. 이 시론들은 앞서 언급한 세 가지 관점으로 바라본 내 주위의 몇 가지 사물을 조금 더 유심히 살펴보는 것이다. 그러면 아마도 우리의 조건을 이해하고 변화시키는 데 일조할 수 있을 것이다. 거기에 일조하지 못하더라도, 적어도 그것의 예비 단계에는 일조할 수 있을 것이다. 그 예비 단계란, 일상적이고 익숙한 것에서 예기치 못한 것을 발견하는, 다소 유쾌한 놀라움으로 이루어진다. 그러므로 이런 동기는 경이로운 것을 통속화하는 것이 아니라, 통속한 것을 탈속화하는 것(그리고 성스럽게 하는 것?)이다.

병

Flaschen

이제 음료는 꼭 병에 담겨 배달되지는 않는다. 예컨대 우유는 흔히 종이로 포장하고, 맥주는 금속 캔으로 포장하며, 과일 주스는 탄력 있는 페트 용기에 담는다. 그런데도 많은 이들은 가령 포도주나 리큐어 같은 소위 "고귀한" 음료는 병에 담지 않으면 고귀함이 사라지리라고 느낀다. 수많은 다른 느낌과 마찬가지로 이런 느낌도 온전히 의식되지 않는 정신 영역에서 싹트는 것인데도 합리적이라고 설명된다. 이런 논거는 이를테면 다양한 물질이 향긋한 술에 미치는 영향을 끌어들인다. 종교적 신념이나 정치적 이념 등을 합리화하는 시도와 같이 이와 비슷한 모든 경우에서처럼, 이러한 논거는 꽤 충분한 근거가 있고 나아가 향후 연구에 유익하다고 입증될 수는 있지만, 그런 논거가 설명하는 느낌과는 완전히 동떨어질 수도 있다. 이와 반대로 이런 식의 논거가 고귀한 음료를 병에 포장하는 데 반대하거나 아니면 고귀한 음료 자체에 반대할 수도 있겠지만, 그런 논거들에도 불구하고 저 느낌은 병에 집착할 것이고 고귀한 음료에 집착할 것이다. 이것은 어떤 다른 느낌이 이와 마찬가지로, 아니면 이보다 훨씬 맹렬하게, 어떠한 논거에도 불구하고 종교적 신념이나 종교성 자체에 집착하는 것과 다르지 않다. 그러나 고귀한 음료는 병에 담아야 한다는 이 전前합리적 느낌은, 다른 전합리적 느낌들에 비해 철저히 고찰되지 않았다. 그 이유는 쉽게 이해가 가긴 하지만 그래도 그릇된 것이리라. 물론 병에 대한 이런 느낌보다는 종교적인 느낌을 다루는 것이 더 중요해 보인다. 그렇지만 병에 대한 느낌처럼 그것을 위해 순교할 사람이 적은, 덜 강렬한 느낌에서야말로 그것이 지닌 전합리적 성격을 쉽게 진단할 수 있을지도 모른다. 그래서 병의 느낌을 고찰한다면 종교적인 느낌을 비롯하여 다른 느낌들을 이해하는 데 유용한 것들이 몇 가지 드러날 수도 있다.

이에 관련해서 어떤 샴페인 애호가와 대담을 나눈다고 가정해 보자. 이 사람은 좋은 상표와 덜 좋은 상표를 썩 잘 구별하는 전문가이지만 어느 상표에 광적으로 집착하지는 않는다고 해보자. 그러니까 세심하게 샴페인을 마시면서도 융

통성이 있다. 주의할 점은, 그에게 샴페인 자체가 아니라 샴페인 병에 관해 묻는다는 것이다. 그가 이런 질문에 놀란다면 그는 일단은 병을 특별히 중시하지 않는 사람일 것이다. 이런 질문에서는 병이 아니라 음료가 중요하다는 것이다. 그러면서도 그는 원칙적으로 샴페인에 완벽하게 어울리는 용기는 병이라고 인정할 것이다. 이를테면 형태, 유리 두께, 코르크 마개 등과 같은 모든 면에서 말이다. 그는 이러한 훌륭한 조화가 수백 년 동안 병을 다루어온 샴페인 양조업자들의 오랜 경험의 산물이라 할 것이다. 그리고 다소 궁지에 몰리게 된다면 아마도 이 설명에 일종의 다윈주의를 끌어들일 것이다. 시간이 지나면서 적응하지 못한 병들은 도태되고 가장 좋은 병들만 생존했다는 것이다. 이에 대해 좀 더 상세히 생각해 달라고 요청한다면, 그는 아마도 이런 의미에서 바로 이 병을 사용하게 된 것은 실은 양조업자가 아니라 샴페인 자체 때문임을 인정할 것이다. 샴페인이 이 병을 "요구"했다는 것이다. 그래서 그는 돌연 확신이 사라진다. 병이 정말로 별로 중요하지 않은지, 아니면 바로 병이야말로 이 음료의 본질을, 혹은 본질의 한 면을 표현하는 것이 아닌지에 대해서. 말하자면 샴페인의 정신이 병의 진화를 주재해온 것이다. 알다시피 샴페인 병을 따는 일이 꽤 어려운 것을 보면 이 정신이 그리 영리하지는 않아 보인다고 우리가 말한다면, 그는 당혹스러워하며 잠시 고민한 후 그런 어려움이야말로 샴페인의 정신에 어울린다고 항변할 것이다. 그런 어려움을 현대의 기술로 극복한다면, 샴페인의 정신에서 무언가가 사라질 터이다.

이 대목에서 물론 이의를 제기할 수도 있다. 샴페인 애호가와의 이 대담이 종교와의 유사성에 주목하게 만들려는 의도라고. 그러니까 속셈이 있다는 것이다. 이런 이의는 인정할 만하다. 그러나 이렇게 인정하는 데에는 전제가 있다. 의도가 없는 연구란 이상적이기는 하지만 실천 불가능한 방법이라는 것이다. 결국 자신이나 다른 사람들에게 그런 연구의 의도를 숨기기보다는 시인하는 편이 낫다. 여기에서 시인하는 대담 의도는 다음을 보여주는 것이다. 샴페인 애호가는 처음에는 병에 대한 느낌을 거의 인지하지 못한다. 그리고 그다음에는 이 느낌을 합리적으로, 나아가 과학적으로 뒷받침한다. 그리고 마지막에는 합리성을 유지하기가 다소 어려워지자 합리성에 맞서서 어떤 표현하기 어려운 것, "말할 수 없는 것"에 호소함으로써 이 느낌을 옹호한다. 이 대담 여기저기에 등장하는 "병"을 "종교 의례"로 대체할 수도 있겠다. 그러기를 원하는 사람이라면, 아니 오직 그러기를 원하는 사람만이 그렇게 대체할 것이다.

이런 대담이 이처럼 방법론을 논하기 위해 잠시 중단되었다가 속개되면, 샴페인 애호가에게 미묘한 변화가 감지

될 수도 있다. 이제 그는 샴페인에 있어서 병의 기능을 난생 처음 깨달았다. 그리고 한편으로는 병의 완벽함을 의심하기 시작하고, 다른 한편으로는 병에 대한 자신의 관점을 검토하기 시작한다. 그래서 이제 샴페인을 마시면서 그저 자명하다는 듯이 병을 드는 것이 아니라, 자기 자신으로부터 그리고 병으로부터 한 걸음 물러난다. 샴페인을 마시면서도 말이다. 그러면서 한편으로는 병을 어떻게 개량할 수 있는지, 그리고 다른 한편으로는 현재의 병 형태가 샴페인을 즐기는 데 어떤 영향을 미치는지 밝혀낸다. 이처럼 한 걸음 물러남으로써, 샴페인을 마시는 일은 그에게는 더 이상 자명하지 않게 된다. 그저 습관적으로 마시든, 축하하기 위해 마시든. 심지어 그는 이처럼 한 걸음 물러남으로써 샴페인 마시는 일을 싫어하게 될지도 모른다. 그가 앞서 들었던 논거에서 아무리 병의 완벽함을 온전히 확신했더라도 마찬가지이다. 병에 대한 그의 원래 느낌은 이런 확신과 일치하기는커녕 이런 확신으로 위협받기 때문이다. 따라서 샴페인 애호가와 이런 대담을 나누는 사람은, 자신이 그 사람의 샴페인 애호를 의문시하고 있음을 자각해야 한다. 설혹 이런 의문시가 자신의 의도는 아니라도, 그리고 설혹 샴페인이 아니라 단지 병에 관해 묻더라도, 즉, 샴페인 애호가가 처음에는 중시하지 않던 것에 관해 묻더라도 말이다. 여기서 벌어진 일은 이렇게 묘사할 수 있다. 대담을 진행하는 사람의 시선, 즉 샴페인 애호가가 아닌 사람의 시선에서 보면, 샴페인 애호가의 시선은 난생처음 의식적으로 병을 향했고, 그러고 나서 말하자면 병으로부터 반조되어 자기 자신 및 샴페인을 마시는 자신의 행위로 향했다. 그래서 기이하게도 샴페인 자체가 아니라 샴페인을 마시는 일을 의문시하게 되었고, 마시는 사람은 마시는 일을 관찰하는 사람이 되었다. 따라서 철학적 관조는 관찰되는 것에 영향을 미칠 뿐만 아니라 그것을 파괴할 수도 있다. 그러므로 모든 종교철학, 나아가 특히 호교론적인 철학은 그 태도 자체가 반종교적이라고 말할 수 있다.

그러나 애당초 샴페인을 마시는 것보다는 병에 관심이 있는 대담 진행자의 경우, 이런 결과에 만족하지 못한다. 그는 샴페인을 다 마신 후 병에 무슨 일이 벌어지는지 질문해야 할 것이다. 이 질문에 대해 샴페인 애호가의 대답은 뻔하다. 병을 버린다는 것이다. 지당한 대답이다. 샴페인을 마시기 전에도 병에 거의 관심이 없었는데, 어떻게 샴페인을 다 마신 후에 그 병을 홀대하며 잊어버리지 않겠는가? 하지만 대담 진행자에게는 그 병은 비어 있을 때 비로소 흥미롭다. 그래야 그 병은 자신이 무엇인지를 보여준다. 즉, 샴페인 용기가 아니라 병임을 보여준다. 다 비워진 샴페인 병의 운명에 관한 연구는 아마도 다음과 같은 결론에 도달할 것이다. 병은 과거의 음주에 대한 기념물로 "간직"되거나, 아니면 산산조각이 나서 (물론 골칫거리이지만) 모든 자연적인 것의 순환 안으로 돌아갈 것이다. 달리 말하면, 병은 과거로서 수용되고 숭배되고 의식되는 역사가 되거나, 아니면 과거로서 억압되고 홀대받고 역사로부터 몰아내어 자연으로 밀어 넣어지려고 시도된다. 비워진 병의 이런 운명은 좀 더 숙고해볼 만하다.

빈 병과 관련해서 우리가 서 있는 지반은 이중적이다. 다시 말해 미래의 역사가들은 이 이중적인 지반에서 우리 시대의 상황을 개착開鑿할 것이다. 한편으로 그 연구자들은 우리 문화를 발견하는 지층, 그러니까 우리가 살고 있는 지층에서 우리가 간직해온 병을 채굴할 것이다. 그러나 다른 한편으로 그 연구자들은 그 지층 바로 아래의 지층에서, 그러니까 우리가 평생 억눌러온 지층에서 우리가 버린 병의 파편을 발견할 것이다. 따라서 연구자의 관점에서 볼 때 이 병은 사실 간직하거나 내버린 병이 아니라 우리가 수용하거나 우리가 억압한 병인 것이다. 그래서 우리가 변증법적인 의미에서 "지양"[6]과 "능가"라고 지칭하는 것, 즉 우리 중 많은 이들의 정치적 지향의 기준이 되는 것은 미래의 관점에서 보면 다른 색조를 띤다. 고고학자로서는 온전한 병은 진보적이고 파편은 보수적이라고 하는 것은 터무니없기 때문이다.

병을 간직하는 일은 또렷한 의식에서 일어나므로, 간

6 독일어 aufheben은 문맥에 따라 위에서처럼 "간직하다"로 옮기거나, 여기서처럼 변증법의 용어로 "지양하다"로 옮긴다.

직된 병의 운명은 명료하게 추적할 수 있다. 그 운명은 간단히 말하자면 이렇다. 그 병은 전시되거나, 숨겨지거나, 그 병에 원래 부합하지 않는 목적으로 사용된다. 전시된 병은 적어도 두 가지 역할을 한다. 한편으로는 우리 앞에, 그리고 손님과 같은 다른 이들 앞에, 우리의 과거를 내놓는다. 우리가 알리고 싶은 과거, 그 덕분에 우리가 인정받을 수 있는 과거를. 그래서 샴페인 애호가인 우리는 다른 이들에게, 따라서 우리 자신에게 존경받고 싶다. 다른 한편으로 전시된 병은 비어 있는 형상으로서 하나의 미학적 현상이며 우리의 공간을 장식한다. 우리 세대에서 병의 미학적 기능을 재발견한 사람은 모란디[7]이다. 전시의 이 두 번째 역할과 관련하여 여기서 언급해야 할 것은 미니어처 병 수집이다. 미학적 현상으로서 이런 병은 애초부터 비어 있는 채로 우리에게 인도된다. 여기 더해서 언급할 것은 미니어처나 "순전한 장식"이라는 것도 우리 시대의 특징으로서 별도의 연구가 필요하다는 점이다. 가령 우리가 플라톤식으로, 빈 병은 "에이도스"라 부르고 미니어처 병은 "에이돌론"이라고 부른다면,[8] 즉 각각 "형상"과 "소형상"[9] 이라고 부른다면, [이러한 형상을 숭배하는] 형식주의, 다시

---

7 조르조 모란디Giorgio Morandi, 1890-1964. 이탈리아의 화가. 병을 대상으로 하는 정물화를 많이 그렸다.

8 플라톤 미학에서 에이도스eidos는 실재하는 형상을, 에이돌론eidolon은 그 형상을 모방하는 이미지를 뜻한다.

9 Förmchen은 형상을 뜻하는 Form에 축소명사를 만드는 후철인 -chen을 합성한 말로, 여기에서는 문맥을 살려서 "소형상"으로 옮긴다.

말해 미니어처와 순전한 장식은 우리에게 특유한 우상숭배라고 할 수 있다. 그렇다면 이처럼 병뿐 아니라 과학적, 예술적, 철학적 사고에도, 간단히 말해 우리의 구조주의에도 나타나는 성벽性癖, 즉 금실 세공의 성벽은 우리의 시대정신이 지니는 계몽주의적이고 로코코적인 특성으로 판명될 수 있다. 예를 들어서 찬장이나 지하실에 숨긴 병은 예견되지 않은 경우를 대비하여, 즉 일어나지 않으리라 예견되는 경우를 대비하여 비축되는 것이다. 예견되지 않는다는 것은 기대하지 않음을 의미한다. 간략히 말해, 숨겨진 병은 언제든 이용할 가능성이 있다. 심지어 전시된 병보다 이용 가능성이 크다. 전시된 병을 이용하는 일은 그 전시를 깎아내리고 따라서 우리가 타인에게 투영하는 것을 깎아내리기 때문이다. 그래서 숨겨진 병은 전시된 병보다 더 근본적인 의미에서 우리의 소유물이다. 그 병은 사적인 것, 즉 공표되지 않은 것이기 때문이다. 그 병은 공적 영역 즉 포도주 상점으로부터, 사적 영역 즉 지하실로 옮겨졌고, 전시된 병처럼 정치적 공간에 다시 내놓아지지 않았다. 그러므로 그 병은 우리가 공적 영역으로부터 전유해낸 구역, 즉 이런 의미에서 우리가 습득한 구역의 일부이다. 그래서 그 병은 그렇게 항상 이용 가능한 채로 있다. 우리의 기억 속에서, 지하실에서. 우리 교양의 일부로서. 우리의 찬장과 지하실에 빈 병이 가득해질수록 우리는 교양 있고 세련된 것이다. 우리가 다른 이들 앞에 열병식처럼 전시하는 그것은 우리의 찬장과 지하실에서 집어온 것인데, 이때 우리의 "세련됨"은 줄어드는 것이다.

이제 생산자가 의도하지 않은 목적으로 사용하기 위해 간직하는 빈 병에 관해 말해보자. 예컨대 촛대, 화분, 재떨이로 사용하는 것이다. 이런 병은 인간의 어떤 능력, 바로 인간의 가장 중요한 능력이라고 부를 만한 능력을 증언한다. 그것은 사물과 거리를 두고 이전에는 취하지 않던 입지에 서서 그 사물을 바라보는 능력이다. 병이 집 안으로 들여질 때는 그 내용물이 적힌 가시적인 표 딱지뿐 아니라 어떤 비가시적인 표 딱지도 붙어있다. 이것은 이 병을 어떻게 보아야 하고 어떻게 다루어야 하는지를 지시한다. 우리 주위의 모든 사물에는 그런 명령이 붙어 있다. 이런 사물이 우리의 조건을 규정한다는 것은 특히 이런 의미에서이다. 하지만 우리는 "현상학적" 노력이라고 할 만한 매우 특수한 노력을 기울임으로써 이런 보이지 않는 명령을 무시할 수 있다. 그러면 병은 마땅히 그래야 하는 바대로 드러나는 것이 아니라 그것인 바 그대로 드러난다. 그리고 우리는 우리가 그런 식으로 가치에서 해방한 병을 다르게 평가할 수 있다. 이를테면 바로 촛대로 평가하는 것이다. 우리는 문화 장치가 강요하는 가치를 전도함으로써 우리를 포위하는 조건으로부터 일부 벗어날 수 있다.

가치 전도된 병은 우리가 자유롭다는 증거이다. 그래서 이렇게 가치 전도된 병은 우리의 고유성에 관해 전시된 병보다 훨씬 의미심장한 발언을 한다. 전시된 병은 우리가 감내하고 허용하는 것을 증언하고, 샴페인 마시기처럼 우리에게 일어나는 일을 증언한다. 이에 비해 가치 전도된 병은 우리가 행하는 것을 증언하고, 촛대처럼 우리가 일어나도록 만든 일을 증언한다. 따라서 우리가 인정받으려고 전시하는 병은, 사실 우리의 역사가 아니라 다른 사람, 즉 샴페인 양조업자의 역사에 대한 증거이다. 병을 전시할 때 우리는 역사의 행위자가 아니라 피행위자로 인정받고자 하는 것이다. 그런 병은 우리의 수동성의 기념비이자 우리의 강요받음의 기념비이다. 이에 비해 가치 전도된 병은 우리의 역사적 행위의 기념비이자 참된 의미에서 우리의 과거를 위한 기념비이다.

다른 한편으로, 버려진 병의 운명은 간직되는 병의 운명처럼 직접 관찰해서 확인할 수는 없다. 이 운명이 보이도록 하려면 들춰내야 한다. 즉, 덮개를 치워야 한다. 치워야 할 중요한 덮개는 병을 버리면 그 병이 우리 주위에서 사라진다고 믿게 만드는 덮개이다. "역사주의"라고 부를 만한 그 덮개는 기독교와 단단하게 엮여서 우리 주위를 모두 덮으려 한다. 그래서 우리는 그 덮개가 미리 엮어둔 단 하나의 관점에서 우리의 주위를 모두 체험한다. 그 관점은 우리 주위가 현재라는 섬이며, 이 섬 위의 모든 것은 우리에게 현전한다는[10] 것이다. 사물들은 거듭 이 섬으로 다가온다. 사물들은 무의 안개를 헤치고 이 섬의 해안에 돌연 나타난다. 이 무의 안개는 미래이다. 또한, 사물들은 거듭 이 섬에서 떨어져 나가 무의 안개 속으로 다시 가라앉는다. 이 안개는 과거라 할 수 있다. 미래와 과거는 둘 다 아무것도 아니다. 미래는 아직 존재하지 않으며 과거는 더는 존재하지 않기 때문이다. 그리고 그 둘의 차이는 주관적 입지의 문제이다. 그러니까 현재라는 섬에 서 있는, 즉 어떤 주위 안에 서 있는 저 주체의 입지의 문제이다. 예를 들어서 병은 우리에게 인도될 때 바로 우리의 주관적인 미래로부터 떠오르고 다시 버려질 때면 우리의 주관적인 과거 안으로 가라앉는다.

이 덮개를 젖히면 우리 주위에 대한 다른 관점들이 출현한다. 먼저 이른바 "객관적" 관점이 출현하는데, 여기에서 우리 주위는 비역사적으로 나타난다. 이런 객관적 관점에 따르면, 우리에게 인도되는 병은 당연히 무로부터가 아니라 이미 존재하는 무언가에서 생겨나고, 버려지는 병은 무로 사라지는 것이 아니라 존재하는 무언가로 사라진다. 그러나 여기

10 여기에서 "현전現前"이라고 옮기는 gegenwärtig는 철학, 특히 현상학에서는 어떤 존재자가 바로 '지금 여기' 나타난다는 의미이다. 이에 비해 vergegenwärtigen은 현전하지 않는 것을 마치 현전하는 것처럼 떠올린다(현전화한다)는 의미이므로 "재현하다"로 옮긴다. 가령 기억은 이미 현전하지 않는 과거의 일을 재현하고 예상은 아직 현전하지 않은 미래의 일을 재현한다.

서는 우리 주위에 대한 이런 객관적 관점과 다른 주관적 관점들도 드러난다. 그중에는 예컨대 이런 관점이 있다. 인도되는 병은 우리가 그것을 고려하기[11] 때문에 우리에게 다가오는 것이고, 버려지는 병은 우리가 잊어버리기 때문에 우리의 시야에서 사라진다. 그래서 이런 관점에서는 하이데거적인 존재 형식과 시간 형식에 딱 들어맞지는 않는 존재 형식과 시간 형식에 직면한다. 우리가 고려하고 마련하는 것은 미래의 것이지만, 예견하지 않은 것, 우리가 고려하지 않은 채 마주하는 것도 모두 미래의 것이리라. 그러니까 미래는 적어도 두 종류인 셈인데, 병은 유독 한 종류에만 속한다. 또한 우리가 간직하는 것, 그리고 경우에 따라 우리가 다시 붙들 수 있는 것은 과거의 것이다. 기억이 그렇다. 그러나 우리가 잊어버린 것, 경우에 따라 이른바 우리 등 뒤에서 다시 올 수 있는 것도 과거의 것이다. 병은 이 두 종류의 과거 모두에 속한다. 그리고 우리가 버려진 병을 고찰할 때 다루는 과거는 두 번째 종류의 것이다.

위에서 언급한 시간 형식들에 귀를 기울인다면, 다음과 같은 정의를 추가할 수 있다. 예견 가능한 것의 미래 형식

11 독일어 besorgen은 어떤 물건 등을 '마련하다', '조달하다'라는 의미와 어떤 것을 '고려하다', 어떤 것에 '마음 쓰다'의 의미를 모두 지니는데, 한국어에서는 두 의미를 포괄하는 단어가 없으므로 여기에서는 "고려하다"로 옮긴다. 그러나 이에 "마련하다"의 의미까지 함축된 것임을 새겨야 한다. 참고로, 하이데거 철학에서 이 용어는 현존재 즉 인간이, 현존재 아닌 존재자들과 실천적으로 관계하는 방식을 가리킨다.

은 "자연"이고, 예견 불가능한 것의 미래 형식은 "모험"이다. 자연이 미리 배려함을 통해 재현할 수 있는 미래라면, "모험"은 [우리에 의해] 재현될 수 없고 스스로 자신을 재현할 뿐이어서 자연보다 근본적인 의미의 미래이다. 자연과학이 발전하는 만큼 우리는 이 근본적인 의미의 미래를 잃는다. 다른 한편, 간직된 것의 과거 형식은 "문화"이고, 잊힌 것의 과거 형식은 "폐물"이다. 문화는 기억으로 재현될 수 있는 과거이다. "폐물"은 [우리에 의해] 재현될 수 없고 스스로 자신을 재현할 뿐이어서 문화보다 근본적인 의미의 과거이다. 문화과학이 발전하는 만큼 우리는 묘하게도 이 근본적인 의미의 과거를 얻는다. 사실 문화과학은 잊힌 것의 어떤 부분을 기억에서 불러내는 경향뿐 아니라, 그와 다른 부분을 더 꼭꼭 감추는 경향도 있기 때문이다. 바로 그래서 폐물은 점점 더 우리의 조건을 규정하고 점점 더 생생하게 우리 등 뒤에서 자신을 재현한다. 그런 까닭에 우리의 현재도 점점 모험에서 멀어지고 점점 폐물에 가까워진다. 즉, 점점 축제에서 멀어지고 점점 쓰레기의 특징을 가진다. 이러한 사실에 대한 응답은 모험을 의도적으로 추구하는 것인데 이것은 [예견 불가능한 것을 의도적으로 추구한다는 의미에서] 그 자체로 모순을 품고 있다. 이뿐 아니라 쓰레기에 관한 새로운 학문들의 출현도 그 응답이다. 가령 생태학이나 심층심리학이 그렇다. 이는 잊힌 것을 들춰내려는 시도를 뜻하므로 지극히 정당하다. 바꾸어 말해, 더 근본적인 고고학이 고전적 고고학을 보완하면서 더 심층에 있는 갱도로 파고 들어간다. 쓰레기 더미의 고고학과 영혼의 고고학이 그렇고, 언어의 고고학과 신화의 고고학도 그렇다. 버려진 병을 고찰하는 것은 이러한, 더 근본적인 고고학에 속하는 것이다.

버려지는 병은 이러한 의미에서 폐물로서 문화에서 떨어져 나간다. 이 말의 의미는 그 병이 자신의 "가치"를 잃었다는 것, 보이지 않는 명령을 잃었다는 것뿐 아니라, 그 병이 파편이 되어서 자신의 형상을 잃었다는 것, 엔트로피에 따라 형상이/정보가 지워졌다는[12] 것이기도 하다. 가치가 없고 엔트로피 법칙에 따른다는 면은 자연의 특징인 듯하다. 그래서 생길 수 있는 오류는, 병이 버려지면 자연으로 돌아간다고 여기는 것이다. 이렇게 여기는 사람은 이것이 바로 "소비"를 의미한다고 생각한다. 그것은 가치 상실, 형상 붕괴, 자연으로의 재변환이다. 이런 사람은 문화를 물질대사라고 여긴다. 그렇다면 "생산"은 가치 부여, 형상 부여, 자연에서 문화로의 변환을 뜻한다. 그가 보기에 문화는 생산을 통해 자연을 먹어 치우고 소비를 통해 자연을 다시 배설하는 유기체이다. 이런 과

12 원문은 desinformiert(원형 desinformieren)이다. 참고로, 플루서는 '정보를 제공한다'는 의미의 informieren을 '형상을 각인(in-form)한다'는 의미까지 포함하여 사용한다. 따라서 informieren 혹은 이 대목과 같이 그에서 파생한 단어가 등장할 경우, 문맥에 따라 두 의미 중 하나로 옮기거나 두 의미를 모두 병기하여 옮긴다.

정이 영원회귀에서 벗어나는 것은 문화 유기체가 성장할 때, 즉 소비되는 것보다 생산되는 것이 더 많을 때뿐이다. 그러한 견해는 예전의 자본주의 문화와 같은 생산문화에 있어서는 지극히 정당하다. 그러나 우리의 문화와 같은 소비문화에서는 견지될 수 없다.

왜냐하면 쓰레기를 자연으로 여기는 것이 오류임이 드러나기 때문이다. 쓰레기는 가치를 잃고 정보를 잃었다고 해도 무가치이고 무형상인 것이 아니라 어떤 반反가치이자 반형상인 것이다. 소비문화에서 이런 사실은 가령 [쓰레기를 자연으로 여기는] 오류를 바로잡는 사변을 통해 드러나는 것이 아니다. 이런 사실은 오히려 매일 매시간 우리 주위를 특징짓는 가장 중요한 요소 중 하나로 체험된다. 우리는 우리 주위를 그렇게 경험하는 것이다. 우리는 가령 가득 채워진 병과 간직된 빈 병들 같은 문화 산물들의 한가운데에 있다. 인간은 이렇게 미로처럼 우리 주변에 가득한 문화 산물들 사이에서 움직인다. 문화 산물들을 때로는 생산하고 때로는 소비하면서. 때로는 그것들을 이리저리 옮기고, 때로는 그것들에 길을 비켜주면서. 때로는 뒤죽박죽인 산물들에 맞서 서로에게 손을 뻗고, 때로는 이 미로에서 빠져나갈 길을 찾으면서. 우리는 산물들 사이의 몇몇 지점에서 자연을 내다보는, 즉 예견 가능한 미래를 내다보는 작은 전망을 얻기도 하지만, 이런 지점은 차츰 드물어진다. 이런 전망에서 우리는 문화가 자연에 둘러싸여 있다고 추론할 수 있다. 문화는 생산을 통해 이 자연으로부터 갈수록 새로운 산물을 제작하지만, 갈수록 우리는 이 산물들 내부를 들여다볼 수 없게 된다. 그러나 그 외에도 우리는 미로 안 도처에서 오물, 먼지, 부패가 산처럼 쌓이는 것을 관찰한다. 이것들은 모든 하수구로부터 솟구쳐 우리의 걸음을 멈추게 하고 우리의 몸과 마음으로 스며들며 점점 피하기 어려워진다. 이것들 안에서 증식하는 전염병 보균자는 점점 더 우리를 감염시키고, 이를테면 버려지는 병처럼 이것들 안에 숨겨진 파편은 우리에게 점점 더 깊은 상처를 입힌다. 나아가 우리는 미로를 배회하는 많은 사람이 이 차오르는 오물의 홍수 속에서 안락하게 뒹구는 것을 관찰한다. 이들은 "자연으로의 회귀"라는 낭만주의에 대치되는, "진창에의 동경"이라는 반낭만주의를 좇는다. 이를 통해 쓰레기는 결코 자연이 아니라는 사실을 명확히 보여주는 것이다. 우리는 도처에서 그리고 우리 스스로에게서 다음과 같은 사실을 관찰한다. 버려진 것을 지하로 가라앉히기 위해 빅토리아 시대의 생산문화가 만든 하수도는 오늘날의 소비문화에서는 넘쳐흘러서 물리적 쓰레기와 심리적 쓰레기를 주위에 범람시킨다. 이것은 가령 나치들이 범람하듯이 어떤 하수도 결함으로 파국처럼 범람하는 것이 아니다. 오히려 과도한 소비로 인한 포만 때문에 지속적으로 문화 영역에 파고드는 것이다. 이 사실은 하수도 체계를 개량한다고 해결되지 않는다. 기하급수적으로 증가하는 쓰레기 홍수에 직면하여 그러한 반동적인 수리 시도는 실패할 수밖에 없기 때문이다. 그러므로 우리는 우리가 버린 병의 파편이 예상치 못한 곳에서 다시 나타나 우리의 발을 벨지도 모른다고 언제나 각오하고 있어야 한다. 우리가 밀어내버린 과거는 점점 더 우리의 조건을 규정한다. 그리고 이 일상적인 체험은 우리에게 이전 세대의 물질대사 모델과 다른 문화 모델을 강요한다. 예컨대 다음과 같은 모델이다.

문화는 물질대사 모델에서와 마찬가지로, 음의 엔트로피에 따라 자연에 정보를 제공하고/형상을 각인하고 이용하는[가치를 넣는] 과정, 즉, 생산을 통해 자연을 산물로 전환하는 과정이다(음의 엔트로피. 이 산물의 한 부분은 물질대사 모델에서와 마찬가지로, 소비되고 정보를 잃고 가치가 박탈되어 자연으로 반환된다. 그러나 다른 한 부분은 물질대사 모델과 달리, 소비되는 것이 아니라 부서지고, 이 부서진 부분은 밀려나서 쓰레기 속에 버려진다. 그러므로 문화는 자연을 누적적으로 쓰레기로 변환하는 과정, 즉 기본적으로 어떤 엔트로피적인 과정 위에 있는 음의 엔트로피적인 주전원周轉圓[13]

---

13 주전원周轉圓은 천동설에서 행성의 역행 현상을 설명하기 위해 도입한 개념으로서, 행성의 공전 궤도를 말한다. 행성은 주전원을 따라 공전하고 이 주전원의 중심은 다시 지구 주위를 공전하기 때문에 행성의 역행이 일어난다는 것이다. 플루서는 주전원의 중심이 공전하는 대원大圓에서는 엔트로피가 일어나지만, 주전원에서는 여기 역행하는 음의 엔트

이다. 분명 이 모델의 핵심 문제는 부서짐이다. 즉, 자신의 산물 중 상당수를 소비할 수 없다는 문화의 무능력이다. 문화의 산물 중 상당수가 소화되지 않는다는 이 문제는 분명히 일부는 인간의 소화 능력 때문이고, 일부는 산물을 소화하는 자연의 능력 때문이다. 상당수의 산물들이 쓰레기를 이루는 이유는 초인간적이기 때문이다. 우리가 소화할 수 없다는 의미이다. 그래서 그것은 쓰레기 안에 남아서, 인간이 소비보다 생산에서 덜 제한적임을 증언한다. 다른 한편, 그 외의 산물들이 쓰레기를 이루는 이유는 반자연적이기 때문이다. 자연이 소화할 수 없다는 의미이다. 그래서 그것은 쓰레기 안에 남아서, 인간이 반자연을 창조할 능력이 있음을 증언한다. 전자의 예시는 물을 오염시키는 홍조류인데, 그것은 외관상 자연이지만 실은 반문화이다. 후자의 예시는 우리의 발을 베는 병 파편인데, 그것은 외관상 문화이지만 실은 반자연[14]이다. 전자의 다른 예시로는 방사능 수치의 증가, 성애화와 폭력성이 만연해지는 분위기를 들 수 있다. 그리고 후자의 다른 예시로는 파괴 불가능한 자동차의 사체들과 지역을 꼴사납게 만들고 오염시키는 민족주의의 사체들을 들 수 있다. 하지만 병 파편에만 머물러도 충분히 이 문제를 자세히 살펴볼 수 있다.

쓰레기의 양가성은 문화이자 자연이라는 데 있는 것

로피가 일어난다는 의미에서 이 개념을 활용하고 있다.

14 원문에는 '반문화'(Antikultur)로 되어 있지만, 아래 문단에서 드러나는 의미상 '반자연'(Antinatur)의 오기로 보인다.

이 아니라, 반문화이자 반자연이라는 데 있다. 그리고 가령 생태학과 심층심리학의 치명적 오류는, 쓰레기에 있어서 반자연적인 것을 문화적인 것이라고 말하고 반문화적인 것을 자연적인 것이라고 말하는 것이다. 홍조류는 자연적인 것이 아니라 문화의 암이며, 광적인 폭력성도 자연적인 것이 아니라 문화의 질병이다. 다른 한편, 병 파편은 자연에 에워싸여 고립된 자그마한 문화의 영토가 아니라 탈자연화된 자연이며, 민족주의도 자연이 된 문화적 형상이 아니라 퇴락하여 이제 비어 있는 형상들의 파편 더미, 가치를 잃고 자연에 의해 소화되지 않는 파편 더미이다. 쓰레기의 특징은 가치와 형상이 없다는 것이다. 가치와 형상이 없는 문화와 같이, 그리고 적어도 경향적으로는 형상 없음으로 향하는 자연과 같이, 그 가치와 형상을 잃었다는 것이다. 쓰레기는 바로 이러한 "반反" 때문에, 자연과 같은 미래가 아니다. 쓰레기는 "언짢다"는 의미에서 언제 어디서나 현전하겠다고 위협하는 과거이다.[15] 파편으로서의 병의 이러한 가치 상실과 형상 상실은 "소비"가 의미하는 바를 명료하게 보여준다. 소비는 산물로서의 산물을 없애지 않으면서 산물의 문화적 양상을 해어뜨리는 것이다. 소비된 것은 한편으로 반문화이다. 자연과 마찬가지로, 그것은 존재해야 하는 것이 아니라 그냥 존재하는 것이기 때문이다. 소비된 것은 다른 한편으로 반자연이다. 문화와 마찬가

15 이 대목에서는 동일한 후철 -wärtig를 지닌 gegenwärtig(현전하다)와 widerwärtig(언짢다)를 활용하고 있다.

지로, 그것은 자연에 눌러 찍은 당위에 의해 만들어지기 때문이다. 달리 말해, 자연은 존재해야 하는 바대로 존재하는 것이 아니고, 문화는 존재해야 하는 바대로 존재하는 것인데, 쓰레기는 존재하지 않아야 하는 바대로 존재하는 것이다. 그런 까닭에 자연은 스스로를 재현할 경우 당위에 대한 도전을 의미하고, 이런 의미에서 재현되는 미래이다. 또한, 그런 까닭에 쓰레기는 스스로를 재현할 경우 당위의 덧없음을 의미하고, 이런 의미에서 현재의 조건을 이루는 과거이다. 우리 주위에 "병 파편" 같은 유형의 사물들이 만연함에 따라, 과거는 점점 더 명료하게 우리의 조건이 된다. 그래서 자연에 당위를 눌러 찍는 일이 무의미하다는 것이 점점 더 뚜렷해진다. 인간의 조건으로서 쓰레기는, 문화를 옹호하는 참여, 즉 미래를 반대하는 참여가 무의미하다는 것을 분명히 보여준다. "세계를 변화시키는 것"[16]이 결국 세계를 병 파편으로 변화시킨다는 뜻이라면, 마르크스주의적 참여뿐만 아니라 모든 참여는 불필요한 것이다.

병은 형상이다. 병은 집 안으로 들여질 때 내용을 가진다. 우리는 아리스토텔레스적으로 "형상"(모르페morphé)과 "질료"(휠레hylé), 혹은 마르크스적으로 형식과 내용의 변증법, 혹은 그 외의 어떤 역사적 범주들에 의거하여 이것을 고

16 "지금까지 철학자들은 세계를 여러 방식으로 해석하기만 했다. 그러나 중요한 것은 세계를 변화시키는 것이다"라는 마르크스의 말을 겨냥하고 있다.

찰할 수 있다. 그런 고찰로부터 우리는 의례와 교리, 형식주의와 사실주의, 구조주의와 역사주의 등의 개념으로 포착되는 저 복합적인 문제를 끌어낼 수 있다. 빈 병은 빈 형상이다. 순전한 형식, 텅 빈 미사여구라고 해도 좋다. 빈 병은 클리셰로서, 인간이 미래에 반대하는 참여를 하면서 가치 없는 것에 자신의 당위를 눌러 찍는 방식을 증언한다.[17] 빈 병이 간직된다면 그 병은 "문화"라고 부르는 저 가치 목록의 일부이다. 빈 병이 부서지고 버려진다면 그 병은 "쓰레기"라고 부르는 저 반가치 무더기의 일부이다. 그러면 그 병은 그 형상의 덧없음이 미래에 맞서는 인간 참여의 조건을 규정함을 증언한다. 그래서 형상의 운명이라고 부르든, 이념의 운명이라고 부르든, 저 병의 운명은 자신의 주위에 있는 인간의 운명을 의미한다. 병의 운명은 인간의 운명의 이면이다. 이에 관련해 취할 수 있는 관점은 근본적으로 아래와 같은 세 가지뿐이다.

"플라톤적"이라고 할 첫 번째 관점은 다음과 같이 서술할 수 있다. 형상은 내용과 마찬가지로 인간에 외재적이다. 인간의 주위에는 존재 영역과 마찬가지로 당위 영역도 있다. 그러므로 병은 지나가버린 내용의 지나가지 않는 형상으로서, 인간이 주어진 내용을 넣기 위해 발견한 형상의 증거로서 간직된다. 빈 병을 전시하는 것은 이렇게 발견한 지나가지 않

17 '판에 박힌 것'을 뜻하는 클리셰cliché는 '인쇄판을 만든다'는 의미의 프랑스어 clicher의 과거분사형에서 유래했다. 여기에서는 클리셰가 자연에 당위를 각인한다는 의미로 연결되고 있다.

는 형상을 수집하는 것이며, 그 전시의 관조, 즉 이론[18]은 순수한 가치를 관조하는 것, 즉 선뿐 아니라 동시에 미를 관조하는 것이다. 그래서 삶의 의미는 바로 이것이다. 다시 말해 내용을 마시는 것이 아니라 빈 병을 관조하는 것이다. 그러니까 실천이 아니라 이론이며, 행위가 아니라 평온하게 바라보는 것이다. 그리고 이것이야말로 철학, 즉 전시된 빈 병을 향한 사랑이다.

"현대적"이라고 할 두 번째 가능한 관점은 다음과 같이 서술할 수 있다. 형상은 주어지는 것이 아니라 발명된다. 그러므로 내용과는 달리 형상은 인간 외재적이 아니라 인간적이다. 인간의 주위는 존재 영역이며, 인간은 그 영역에 자신의 영역, 즉 당위 영역을 대립시킨다. 따라서 병을 간직하는 것은 그것의 형상을 바꾸어 이를테면 재떨이처럼 새로운 목적으로 사용하기 위함이다. 형상을 바꾼[19] 빈 병은 형상 변화가 진보한다는 것을 증언한다. 즉, 인간이 존재해야 하는 바대로 되기 위해 존재를 제압하는 방법을 증언한다. 이제 이론은 전시된 형상을 평온하게 바라보는 것이 아니라 간직된 형상을 행위를 통해 변화시키는 것이다. 그리고 삶의 의미는 전진하면서 진보적으로 형상을 간직하고 변화시키는 것이다. 다시 말해 이론과 실천의 변증법이다. 그리고 참여는 간직한

18 이론을 뜻하는 Theorie는 '관조'를 뜻하는 그리스어 theoria에서 나왔다.

19 원문에는 ungeformt(형상이 주어지지 않은)으로 되어 있으나, 문맥상 umgeformt(형상을 바꾼)의 오기로 보인다.

병을 영구혁명을 통해 변화시키는 것이다.

인간의 운명에 대한 세 번째 가능한 관점, "비판적"이라고 할 관점은 다음과 같이 서술할 수 있다. 인간 주위의 전반적인 엔트로피에서 형상은, 덧없이 짧게만 지속하는 음의 엔트로피적 계기이다. 인간은 때로는 발견하고 때로는 발명하는 형상들을 당위로서 존재에 대립시키지만, 일단 이처럼 [존재 위에] 얹히면 당위이기를 멈추고 존재하기 시작한다. 주위에는 존재 영역, 유동적인 내용들의 영역밖에 없다. 그리고 당위의 덧없는 영역에서 나온 모든 가능한 형상은 이 존재 영역에 부딪혀 산산조각 난 파편이 된다. 그래서 병은 마시기가 무섭게 버리거나 잠시 보관했다가 얼마 후 버린다. 이것은 형상화된 모든 것의 공허함을 억압하기 위함이다. 즉, 존재가 전부라는 것, 적나라하고 폭력적인 실재[20]가 전부라는 것을 억압하기 위함이다. 그러나 그렇다고 해서 버려진 형상이 사라지는 것은 아니다. 그 형상은 파편으로서 모든 형상의 무의미함을 증언한다. 다시 말해 삶에 아무 의미도 없음을 증언한다. 그리고 그에 맞서 우리는 내용을 마실 수 있을 뿐이다. 즉, 실천뿐이다.

20 철학에서 '이렇게 존재함'을 뜻하는 Sosein은 어떤 것이 존재하는 방식, 본질, 속성 등을 가리키는 표현으로서 흔히 "상재相在"로 번역하고, 이에 비해 '거기 존재함'을 뜻하는 Dasein은 어떤 것이 존재한다는 사태 그 자체를 가리키는 표현으로서 (이처럼 Sosein과 대비되는 맥락에서는) 흔히 "정재定在"로 번역한다. 다만 여기에서 Sosein은 이러한 맥락과는 무관하게 쓰이고 있으므로 문맥상 "실재"로 옮긴다.

병 파편이 점점 쌓여가는 것을 고려할 때, 앞의 두 관점은 오늘날에는 지지하기 어렵다. 전시된 병을 평온하게 바라보고 정관적인 삶을 영위하는 것이나 간직된 병의 형상을 바꾸고 참여하는 것은, 오늘날에는 더 이상 잊힐 수 없는 파편을 잊으려는 것이기 때문이다. 달리 말하면, 이제는 예전에 그랬던 것처럼 인간 조건에서 생산하는 면, 긍정적인 면, 형성하는 면만 볼 수는 없다. 오히려 소비하는 면, 부정적인 면, 파괴하는 면도 말해야 한다. 그렇게 한다면 "힘에의 의지"가 "영원회귀", 물론 혼돈으로의 영원회귀의 일면일 뿐임이 분명해질 것이다.[21] 그리고 이는 찰나의 향락과 소비의 삶으로 이어지고, 일종의 탈역사적 쾌락주의로 이어진다. 그러므로 그래도 결국 샴페인 애호가가 옳은 것이다. 병이 아니라 샴페인이 중요하다. 샴페인 애호가는 어떻게 하든 간에 머지않아 병 파편에 베일 것이지만, 그래도 지금은 마실 수 있기 때문이다.

---

21 "힘에의 의지"와 (동일자의) "영원회귀"는 모두 니체의 개념이다.

벽

Wände

마술적 사유에서는 어떤 개념군에서 서로 대립하는 극단들이 서로 부합한다는 주장이 있다. 예컨대 일종의 가설적 언어인 인도게르만어에서 어간 "h...l"의 의미는 신성한 관념군의 양극단을 포괄한다는 것이다. 그래서 이 어간으로부터 하일Heil(구원)과 횔레Hölle(지옥)가 유래했고 헬레Helle(빛)와 횔레Höhle(동굴)가 유래했을 뿐 아니라, 영어에서 '전체'를 뜻하는 홀whole과 '구멍'을 뜻하는 홀hole도 유래했다. 벽에 주목한다면, 가령 자기 집의 네 벽이나 누군가를 유폐하는 네 벽에 주목한다면, 이 마술적인 양가성을 우리 자신의 사유에서 뚜렷이 발견할 수 있다. 그리고 이때 우리는 사유되는 것의 본질은 이처럼 대립들을 통합적으로 사유할 때만 밝혀진다는 것을 깨닫는다. 다만 우리에게 이러한 유형의 사유는 쉽지 않다. 마술적인 문화에서는 아마 그러한 사유에 익숙했겠지만, 이제 우리는 그렇지 않다. 아마도 그러한 사유는 역사의 흐름 속에서 다음과 같이 전개되었을 것이다. 양가적이고 융합적인 개념은 서로 분별되는 요소들로 갈라졌고, 그럼으로써 그 내용은 명료해지되 그 맥락은 상실되었다. 이제 우리는 다시 통합하고 총괄적으로 바라보려 한다. 즉, 마술적 사유가 다시 대두되고 있는데, 그것도 이제 새로운 수준에서 대두되고 있다. 그렇다면 이것은 "탈역사의 출현"인가?

심리적인 영역에서 벽의 양가성을 드러내는 것은 비교적 쉬운 편이다. 통제와 보호, 저항과 도피, 감방과 거처, 불안과 안전, 광장공포 회피와 폐소공포. 이런 것이 벽을 고찰할 때 호출되는 심리적 대립 중 일부일 것이다. 그리고 이것들 모두 틀림없이 "무덤과 자궁"의 대립으로 환원될 것이다. 물론 사물에 대한 체험을 그렇게 심리적으로 해석하는 것은 비교적 수월하기에 유혹적이지만, 그 사태를 충분히 상술하기는커녕 그 사태에 있어 많은 것을 빼놓고 설명하는 경향이 있다. 벽에 대한 훨씬 어려운 다른 관점들을 가지고 심리적인 관점을 보완해야만 벽이 인간 조건의 중요한 부분임이 드러난다. 그리고 위에서 언급한 마술적 양가성은 모든 관점에 있어서 뚜렷해지되 다만 덜 판명해진다.[22]

22 여기에서 "판명하다deutlich"는 것은 어떤 개념이 다른 개념과 충분히

예를 들면, 벽에 대해 윤리적 관점을 취할 수 있을 것이다. 그러면 그 벽은 정치적인 것과 사적인 것, 즉 공공적인 것과 일상적인 것의 경계이자 나아가 이들의 초점으로 드러난다. 벽은 세계를 두 영역으로 나눈다. 하나는 생이 벌어지는 커다란 외부 영역이고 다른 하나는 생이 생기는 조그만 내부 세계이다. 하지만 이 둘 모두 벽 덕분에 가능하기도 하다. 벽이 없다면, 생은 벌어질 수도 없고 생길 수도 없다. 그런 이유로 그 불투명한 양가성을 지닌 벽은 어떤 결정도 내릴 수 없을 무시무시한 선택 앞에 나를 세운다. 나는 벽 바깥으로 걸어 나가 세계를 얻음으로써 나 자신을 잃을 수도 있다. 아니면, 나는 벽 안에 머물면서 나 자신을 찾음으로써 세계를 잃을 수도 있다. 물론 창문과 문을 통해 이러한 벽의 불투명성과 그로 말미암은 결정 불가능성을 어느 정도 허물 수 있으나 근본적으로 없앨 수는 없다. 물론 나는 문 덕분에 아침마다 나의 네 벽을 떠나서 공적인 것에 참여할 수 있고 저녁마다 나의 네 벽 안으로 귀소하여 그 내밀함에 편입될 수 있다. 창문 덕분에 나의 네 벽 사이에 머물면서도 공적인 것을 폭넓게 조망할 수 있다. 오늘날 나는 과거 어느 때보다도 이 두 가지 일을 더 능란하게 해낼 수 있다. 문은 내 차가 대기하는 차고로 이어져서 나를 공적인 것으로, 즉 교통으로 던져 넣

구별된다는 의미이다. 통합적 관점을 채택함으로써 마술적 양가성의 모든 관점이 드러나지만, 양가성의 분리가 해소됨에 따라 그들의 경계가 더 모호해지고 덜 판명해진다는 의미이다.

기 때문이다. 또한, 창문 아래 있는 텔레비전 화면은 높은 산마루에서 내려다보는 파노라마 창문이 되어서 가장 공적인 것에의 조망을 열어주기 때문이다. 그러나 문이나 창문은 실존적 딜레마의 해법이 아니다. 이것이 진정한 참여인가? 내가 끊임없이 한쪽 눈으로 내 집의 문을 곁눈질한다면, 즉 내가 순전하게 헌신하기보다는 오히려 무언가를 집으로 들이고자 꾀한다면? 덧붙여 말하자면, 이는 자본주의 사회에의 참여가 가지는 문제이다. 그리고 창문으로부터 거리를 두고 공적인 것을 내다보는 일, 이러한 "군중 위에 있음"이 철학적 관조인가? 이것은 오히려 무책임한 오만이 아니던가? 덧붙여 말하자면, 이는 철학만의 문제가 아니라, 과학이나 예술을 비롯한 모든 "순수한" 분야의 문제이기도 하다. 여기에 다음과 같은 의문이 더해진다. 세계에의 참여는 세계를 변화시키려는 시도일진대, 그저 유보적으로 참여한다면 어떤 모델을 따라 세계를 변화시킬 것인가? 그리고 세계를 향한 이론적 시선은 세계를 이해하려는 시도일진대, 실천하지 않는다면 무엇을 이해할 것인가? 그렇다. 문과 창문은 해법이 아니다. 게다가 문과 창문은 나 스스로 열고 닫기를 결심해야 한다. 문과 창문이 아무리 점점 완벽해지더라도 윤리적 양가성을 지닌 벽의 불투명성은 인간의 조건이다. 나아가 창문과 문뿐 아니라 벽 자체도 차츰 더 완벽해진다. 벽은 온도조절 장치와 방음

장치를 갖추고 저항력도 커지는데, 이런 사실은 인간이 외부에서는 점점 길을 잃고 내면에서는 점점 외로워지는 일에 의해 입증된다.

다른 예를 들면, 벽에 대해 심미적 관점을 취할 수도 있을 것이다. 그때에도 벽의 양가성은 선명해진다. 우리는 텅 빈 벽에 대해서 마치 텅 비어 있음이 결핍인 양 말한다. 텅 빈 냉정함은 실로 벽의 본질적 특징이다. 그럼에도 불구하고 그 텅 비어 있음, 냉정함, 미적 중립성 덕분에 벽은 인간의 형상화하는 상상의 상당 부분을 담을 수 있는 것이다. 자연의 엔트로피 경향에 늘 새로운 형상을 강요하는 인간 의지 대부분은 이 자연 자체를 배경으로 실현되는 것이 아니라 텅 빈 벽을 배경으로 실현된다. 그렇다면 벽화는 실로 이러한 의지의 실현을 보여주는 최초의 증거 중 하나이다. 아마 인간은 자신과 자연 사이에 벽을 쌓아야 비로소, 자연과 대립하는 존재이자 자연에 접근하는 존재로서 자신을 관철할 수 있을 것이다. 이런 관점에서 보면 벽은 자연과 인간 사이에 놓인 담의 양면 중에서 그 앞에서 문화라는 연극이 상연되는 한 면이다. 인간을 등진 이 담의 다른 면은 본디 인간에게는 보이지 않는다. 석기시대 동굴 벽이 그렇듯이. 따라서 우리는 두 종류의 벽을 구별할 수 있을 것이다. 하나는 "주어진" 벽인데, 뒷면이 보이지 않는 동굴 벽이 그렇다. 다른 하나는 "만들어진" 벽인데,

그 뒷면이 보이는 방의 벽이 그렇다. 인간이 자기의 벽으로부터, 그래서 어떤 의미로는 자기 자신으로부터 외출하면 그 뒷면이 보이는 것이다. 그렇지만 이런 구별은 위태롭다. 자연과 문화의 경계로서의 벽 자체는 이 두 개의 세계 영역 중 어느 하나에만 속하는 것이 아니라 둘 다에 속한다. "주어진" 벽이라고 하더라도 석기시대 사람은 그것을 주어진 것으로 받아들이기보다는 만들어지는 것의 배경으로, 그리고 만들라는 촉구로 받아들인다. "만들어진" 벽이라고 하더라도 그것은 날것이고 만들어지지 않은 것으로 느껴진다. 그래서 그림이나 포스터같이 만들어진 것을 벽에 걸거나, 패널이나 양탄자같이 만들어진 것으로 벽을 숨긴다. 문화의 상당 부분은 기본적으로 날것을 꾸미고 불시의 균열을 덮기 위해 벽에 붙이는 판자이다. 설령 문화가 기능주의적이고 반낭만주의적으로 벽의 구조를 강조할지라도(그렇지 않다는 주장도 있지만, 낭만주의는 벽으로 회귀하는 일, 즉 "자연"으로 회귀하는 일이 아니라, 벽을 꾸미는 일이다), 그렇게 벽의 구조를 강조하는 것은 속임수이다. 벽으로서의 벽을 변증법적으로 사라지게 하려는 속임수, 즉, 벽을 가림벽으로 쓰려는 속임수. 벽의 중립성, 즉 그 벽이 "이것이나 저것이 아니라 둘 다"라는 사실은 특이하게도 그 기하학적 형태에 의해, 특히 우리 문화권에서는 보통 직각 형태에 의해, 은폐되는 것이 아니라 오히려 강조된다. 한편으로 기하학적 형태는 유별나게 비자연적이지만, 다른 한편으로 "구조에 불과한" 기하학적 형태는 아무리 형식을 중시하는 문화라도 모든 문화에 적대적이기 때문이다. 그러므로 기본적으로 벽은 반자연적이면서 반문화적인 구조이다. 그리고 인간은 배경으로서의 벽에 대항해 싸우고 벽과 한편이 되어 싸우면서 자신의 작품 대부분을 창조한다. 작품은 그 배경을 이루는 벽이라는 경계에 맞서는 작품이다. 또한 우리가 네 벽 중 하나를 허물어서 방을 무대로 바꾼다면, 인간의 작품 대부분은 바깥에 있는 사람이 보기에는 어떤 부조리극의 요소가 된다. 그래서 아마도, 현재의 예술에서 작품의 위기는 벽의 위기일 따름인지 모른다.

마지막 예를 들면, 벽에 대해 결국 종교적 관점을 취할 수 있을 것이다. 여기서 나타나는 양가성은 한편으로는 비밀스러운 것의 특별함에, 다른 한편으로는 어떤 소식의 고지 및 증언에 관련된다. 비밀스러운 것은 특별하다는 사실, 우리는 비밀스러운 것을 격리할 수 있으며 격리해야 한다는 사실,[23] 아니, 그것은 격리될 때 비로소 비밀이 된다는 사실은 모든 벽의 근원에 매우 가까울 것이다. 동굴, 그리고 그 이후의 사원은 아마도 근원적으로 은밀한 장소였을 것이다. 벽이 세속의 공적 공간에서 어떤 격리된 공간을 잘라냈기 때문이다. 물론 곧 동굴은 더 이상 은밀하지 않고 집처럼 아늑해졌고, 나

23 여기에서는 어근 sonder을 공유하는 sonderbar(특별하다)와 absondern(격리하다)를 연결해서 논하고 있다.

중에 사원의 시대에는 섬뜩하게 되었다.[24] 그리고 사원 결과 사원 아래에 담이 세워졌는데, 그것은 은밀한 것의 벽이 아니라 아늑한 것의 벽, 즉 거처였다. 그러니까 거주하고 익숙해짐에 따라 그것이 아늑한 것으로 전도되는 것은 비밀스러운 것의 변증법이다. 그리고 익숙해진 것은 오래 거주하지 않으면 다시 섬뜩한 것, 즉 반비밀로 전도된다. 그런 까닭에 아마도 일상적인 방 벽은 동굴과 폐허 사이에 있는 불안정한 중간 상태일 것이다. 나는 나의 네 벽 사이에서 아늑함을 느낀다. 그곳에서는 완전한 타자라는 비밀스러운 것의 속삭임이 더 이상 들리지 않기 때문이고, 과거에 존재하던 것의 유령이 여태 숨어서 기다리지 않기 때문이다. 그래서 정주했다는 내 느낌은 결국은 종교적 느낌, 즉 비인간적인 극단으로부터 보호받는다는 느낌이다. 그러나 은밀하건 섬뜩하건 벽으로 격리된 비밀이 유일한 성소는 아니다. 이런 비밀은 종교적 느낌의 한쪽 면만 표현한다. 이런 비밀과 맞서거나 나란히 등장하는 것이 산꼭대기의 제단, 돌출한 반도의 험준한 암벽, 황무지의 암석이다. 그리고 지하에 대해 천상이, 은둔에 대해 계시가, 어둠에 대해 밝음이 그렇게 등장한다. 크레타섬의 미로 벽에 대해 그리스의 벽 없는 기둥이, 로마네스크 교회의 어두운 벽에 대해 안달루시아 회교 사원의 벽 없는 밝음이 그렇게 등장

24 이 부분에서는 heim을 어근으로 하는 단어들, 즉 das Geheime(비밀스러운 것), heimlich(은밀하다), heimisch(아늑하다), unheimlich(섬뜩하다)를 나열하고 있다.

한다. 가장 사적인 것의 종교성, 즉 전혀 소통할 수 없는 신비로운 체험의 종교성에 대하여, 가장 공적인 것의 종교성, 즉 보편타당한 소식의 종교성이 그렇게 등장한다. 이런 관점에서 보면 벽은 완전한 타자에 대한 인간의 두 가지 태도를 상징하는 것으로 나타난다. 하나의 태도는 벽들 사이에서야 성스러움을 체험하는 것이지만, 다른 하나의 태도는 벽을 허물어야 성스러운 공간을 베풀 수 있다는 것이다. 종교적 상징으로서의 벽의 양가성은, 성스러운 것이 현현하려면 벽을 찾아가거나 아니면 벽을 허물어야 한다는 것이다. 그러나 여기에서 벽은 아마 단순한 종교적 상징 이상일 것이다. 벽은 아마도 종교적인 것이 애초에 전개될 수 있는 조건일 것이다. 그리고 인간이 종교적 동물이 맞는다면, 인간은 벽이라는 조건 아래서만 인간이 될 수 있는 동물이다.

벽은 내 주위의 사물이다. 벽은 나의 조건을 규정하지만, 나는 이에 대해 해명할 수 없다. 내가 벽에 익숙해져서, 벽은 재갈이 물린 채, 아무 말도 하지 못하는 채 내 주위에 서 있기 때문이다. 그렇지만 내가 나의 익숙함을 가로질러 벽에 다가가 벽을 풀어준다면, 그 벽은 무척 의미심장한 말을 할 것이다. 그것은 서로 다른 두 가지 말, 즉 나의 조건에 대한 양가성의 말일 것이다. 이 말은 나의 조건을 해명하지는 않지만, 나의 조건이 해명될 수 없는 것임을 내게 밝혀준다. 여기에서 내가 대강 서술한, 벽에 대한 몇 가지 관점만 보더라도 이 말은 그렇게 밝히는 것이다. 이것이 내가 내 주위에, 예컨대 나의 네 벽에 대해, 그저 피상적으로 주의를 기울이더라도 나타나는 결과이다.

가로등

Straßenlampen

대도시의 불 밝힌 거리, 특히 열대 지방 대도시의 불 밝힌 거리는 적어도 두 얼굴을 지닌다. 저녁의 얼굴에서는 인공적인 불빛이 드리우는 빛의 장막이 도시의 불행을 은폐한다. 이에 비해 새벽의 얼굴에서는 불빛의 객관적 차가움이 흡사 과학적 진단처럼 도시의 초라함을 전시한다. 그런데 어떻게 가로등이 그렇게 모순적인 두 가지 기능, 즉 연극적인 미화와 무정한 폭로라는 기능을 이행할 수 있는가? 이 질문에 대한 대답은 질문을 제기하는 방식에 좌우된다. 그리고 질문을 멀리까지 밀고 나가면, 대답은 인간 조건에서 근본적인 것과 마주치게 된다. 여기에서의 고찰은 대답을 찾는 두 가지 방향으로 제한된다. 즉 삶의 리듬을 향하는 방향과 예술 분야를 가리키는 방향으로 제한되는 것이다.

앞서 제기한 질문에 대해 첫 번째 방향으로부터 가령 다음과 같이 잠정적으로 대답할 수 있다. 저녁의 가로등은 축제와 같다. 한밤중에 정신의 승리를 축하하기 때문이다. 새벽의 가로등은 냉정하다. 먼동이 틀 무렵에는 밤을 넘긴 신체에게 정신이 패배함을 상기시키기 때문이다. 이 대답에는 여러 전제가 있는데, 그중 일부는 이렇다. 인간은 자연적으로 낮의 동물이어서 밤을 정복하고자 한다. 정신은 신체와 모순되는데, 이런 모순은 이를테면 정신이 낮의 신체로 하여금 밤의 삶을 살도록 강요하려는 데서 드러난다. 이 모순에서 신체는 리듬에 따라 정신을 제압한다. 가령 새벽에, 또는 이를테면 죽어갈 때. 그리고 우리 주위의 모든 현상과 마찬가지로 가로등 불빛은 객관적 사실이어서 예컨대 사진을 통해, 정조[25]에 좌우되지 않고 확인할 수 있다. 그러나 그뿐 아니라 가로등 불빛은 어떤 체험이기도 하여, 예컨대 밤거리를 걷는 시민처럼 체험하는 사람에 좌우되는 것이기도 하다. 하지만 이 대답의 이런 전제들 자체가 모조리 의문스럽다. 이런 전제들은 우리 존재의 조건을 의문시한다.

가령 인간이 자연적으로 낮의 존재라는 것은 어디까

25 독일어 Stimmung은 본래 악기 등의 음조를 조율하는 것을 뜻하는 stimmen에서 나온 말로, 보통은 개인적인 "기분"이나 초개인적인 "분위기" 중 하나로 번역되지만, 여기에서는 양자를 포괄할 수 있다고 생각되는 단어인 "정조情調"로 옮기고자 한다.

지 참인가? 이 의문에서 어려운 점은 인간에 관해 자연적인 것을 말하는 자체가 어렵다는 데서 나온다. 이에 관련해 인간이 영장류라는 관점에서 시작한다면 여러 주장을 펼칠 수 있다. 인간이라는 이 영장류는 정확히 단정하기 어려운 어떤 순간에 "문화"라고 불리는 특별한 활동으로 인해 나머지 영장류들과 구별되기 시작했다. 이러한 관점을 취하는 사람은 인간의 영장류다움이 인간의 자연/본성에 일치한다고 여길 것이다. 그리고 인간의 이빨에 상응하는 인간의 음식으로부터, 인간 몸의 구조를 반영하는 음식 찾는 법으로부터, 그리고 이와 비슷한 여러 자료로부터, 인간이 낮의 존재라거나 밤의 존재라고 미루어 판단하게 될 것이다. 아마도 그런 사람이 도달하는 결론은 조심스럽게 인간이 낮의 존재임을 암시할 것이다. 그러나 만일 특유한 인간다움은 문화 활동이 시작되어야 비로소 등장한다는 관점, 달리 말해서 인간은 영장류와 본질적으로 구별된다는 관점에서 시작한다면, 인간에게 자연적인 것에 관해서는 모순적인 말밖에 할 수 없다. 이러한 관점에서 보면 문화는 인간에게, 말하자면 자연적이며, 따라서 문화 없는 인간은 비자연적이라고도 충분히 말할 수 있기 때문이다. 그렇다면 예를 들어 밤의 삶이 자연스러운 문화도 있고 그렇지 않은 문화도 있다고 주장할 것이다. 기이한 것은 이 두 가지 관점에서, 그리고 둘 사이의 여러 관점에서 밤의 체험은 물론 서로 다른 방식으로 설명되지만, 그 어느 관점에서라도 밤이 체험되는 실제 정조와 언제나 완전히 조화를 이룬다는 점이다.

나아가 [대답의 또 다른 전제인] 정신과 신체의 모순, 그리고 정신과 신체의 조화는 어떠한가? 이 두 번째 물음은 필요한 경우 첫 번째 물음["인간이 자연적으로 낮의 존재라는 것은 어디까지 참인가?"]에 끼워 넣을 수도 있다. 이를테면 정신은 자연적인 신체에 있는 반자연적인 것이라고, 말하자면 자연적인 신체의 질병이라고 주장하는 것이다. 아니면, 물론 정신의 관점에서, 신체가 정신의 질병이자 "약점"이라고 주장할 수도 있다. 그러나 이처럼 [두 번째 물음을 첫 번째 물음에] 끼워 넣으면 상당한 어려움이 따른다. 예컨대 영장류 및 다른 고등동물에는 정신이 없다고 하거나(따라서 동물심리학을 포기하거나), 아니면 정신이 반자연적이라는 주장을 고수하기 위해 정신을 복잡하게 정의해야 한다. 다른 한편, 정신과 신체의 분리는 우리 문화에 깊이 뿌리내리고 있지만, 그 자체가 문제적이다. 주지하는 바와 같이 다른 여러 문화에서 정신은 일종의 묽은 신체인데, 우리에게도 이러한 물활론이 완전히 낯선 것은 아니다. 한편 이런 물활론과 반대 방식으로도 이원론을 깔끔하게 제거할 수 있다. "정신"이라고 불리는 것이 신체의 행동을 사물화하고 인격화한 것에 지나지 않는다고 주장하는 것이다. 정신은 '무엇'이 아니라 '어떻게'이다. 즉 인간 신체가 행동하는 방식이다. 다만 이렇게 이원론을 제거하면 정신의 내적 경험도 잃는다는 대가를 감내해야 한다. 이를테면 자유의 경험을 잃는데, 이 경험은 무엇보다도 자기 신체를 제어하는 경험으로 표현되기 때문이다. 그것은 가령 신체가 하는 밤의 행동을 제어하고 변화시키는 것으로 표현된다. 가로등 세우는 것과 그 불빛 아래에서 사는 것은 의심할 여지없이 신체의 움직임이며 [신체를 제어하는 경험이라는] 이런 의미에서 정신적이다. 그러나 그것은 저 다른 의미에서도 정신적이지 않은가? 신체를 핍박하고 어떤 식으로든 그 신체로부터 자유로워진다는 의미에서도? 일견 이 물음은 변증법적으로 해결할 수 없을 듯하다. 달리 말해서, 가로등을 정신의 산물로 여길 관점들이 득실거리며 그 관점에 따라 가로등은 늘 다른 모습으로 나타나겠지만, 그래도 가로등은 여전히 가로등일 것이다.

[정신과 신체의 관계에 대한 질문의] 하위 질문인, 정신과 신체의 리듬에 관한 질문을 말해보자. 낮과 밤, 깸과 잠, 삶과 죽음의 이러한 사투에서 가로등은 신체에 맞서는 정신의 도구로 보인다. 가로등이 이를 위해 직질한 자리에 있음에는 의심의 여지가 없다. 기본적으로 모든 심리학은 낮의 맑은 이성과 밤의 후덥지근한 쾌락에 대하여, 그리고 밤이라는 대양

을 파먹는 낮이라는 점에 대하여 말한다. 그뿐 아니라 인간 존엄성에 관한 모든 사유에서도 이런 것을 다룬다. 이렇게 말해도 좋다면, 예를 들어 서양 문화를 낭만주의적인 밤 시간과 고전주의적인 낮 시간이 리듬에 따라 진자 운동하는 것으로 여길 수 있다. 그리고 가로등은 고전주의 경향의 관찰자에게는 낮의 전위대가 밤에 침투하는 것으로 보이거나 광명이 몽매주의를 계몽하는 것으로 보일 테고, 낭만주의 경향의 관찰자에게는 장엄한 밤의 어둠을 억압하는 것으로 보이거나 신비로운 것을 그야말로 죄악에 가깝게 세속화하는 것으로 보일 터이다. 고전주의 경향에서는 거리 불빛은 도시성의 문제가 되고, 도시 계획은 그 자체가, 어떤 극복해야 할 어떤 밤 안으로 낮을 밀어 넣는 문제가 될 것이다. 이에 반해 낭만주의 경향에서는 연기 나는 횃불로부터 빛바랜 네온에 이르기까지 거리 불빛의 발달은 인류가 비밀스러운 기원에서 점점 멀어지고 따라서 스스로 소외되는 것을 잘 보여주는 선명한 사례이다. 이성과 감정 사이의 이런 동요에서 균형을 잡는 것은 불가능하지는 않겠지만 어려운 일이다. 이 양면이 우리 안에서 흔들리고 있기 때문이기도 하지만, 이성 자체가 감정적이고 감정도 나름의 이성을 지니기 때문이기도 하다. 이러한 고찰과 더불어, 정신과 신체의 리듬에 관한 저 하위 질문은 기이한 조명을 받게 된다. 즉, 가로등은 분명히 적절한 자리에 있지만, 또한 분명히 그것의 내적 변증법과 외적 변증법면에서 보면 전혀 적절하게 자리 잡고 있지 않다. 어떤 다른 관점에 따르면, 밤에 대한 낮의 승리는 실은 밤이 낮을 삼키는 것이라고 말할 수 있지 않겠는가? 가로등이 조그만 태양인 것이 아니라, 가로등이 생긴 이후로는 태양이 거대한 가로등에 불과하다고 말할 수 있지 않겠는가? 또한, 죽음에 대해서도 이와 비슷하게 말할 수 있지 않겠는가?

가로등의 양가성에 관한 물음에 답하는 데 관해서, 앞서 언급한 [가로등 불빛은 객관적 사실일 뿐 아니라 어떤 체험이기도 하다는] 마지막 전제는 인간의 주위가 객관적 세계일 뿐 아니라 생활세계이기도 하다는 사실과 관련된다. 이 생활세계는 [나와 무관하게] 그 자체로 존재하는 것이 아니라, 나에 대하여 존재하는 것이다. 그 자체로 가로등인 것(이를테면 물리적 현상이자 특정한 역사적 발전의 산물인 것)은 자연과학자와 사회학자를 비롯한 많은 전문가가 다루는 문제이다. 물론 이 문제를 그 최종적 귀결에 이르기까지 가차 없이 추적한다면 이런 전문가들은 공간과 시간의 벌어진 심연 안으로 추락할 것이며, 나아가 가로등에 대한 자신의 이른바 객관적 태도를 회의하기 시작할 것이다. 하지만 그 전문가들은 설혹 가로등 자체에 대해서만 아니라 나에 대해서까지 어떤 객관적 관점을 취하더라도, 가로등이 나에 대하여 무엇인지를 결정할 수는 없다. 이 경우 이런 전문가는 가로등이 나에 대하여 무엇인지를 자신의 객관적인 관점에서부터 말할 수 있을 뿐이다. 즉 그것을 그 자신에 대하여 말할 수 있을 뿐이다. 그리고 방금 내가 한 말도 (가로등이 나에 대하여 무엇인지를 그에 대하여 말하려고 시도하는) 전문가가 나에 대하여 무엇인지 말하려는 시도에 불과하다. 따라서 주위 안에서 실존적으로 올바른 방향을 찾으려는 시도는, 물론 과학적 시도처럼 공간과 시간의 벌어진 심연으로 추락하지는 않더라도, 서로를 반영하면서 차례차례 서로 포개지는 주관성과 상호주관성의 벌어진 심연으로 추락한다. 이 모든 사실에도 불구하고, 가로등이 나에 대하여 무엇인가 하는 물음은, 실은 물음이라고 할 수 없을 만큼 단순하다. 내가 가로등을 인지하는 것은 가로등이 너무 강렬하거나 고장 나거나 없어서 내 마음에 걸릴 때, 혹은 지금처럼 내가 익숙함을 뚫고 의도적으로 거기에 관심을 기울일 때뿐이다. 그 외에는 나에 대하여 가로등은 저 홀대할 만한 주위의 일부이다. 내가 미덥다고 믿는 이 주위, 홀대되기 위해 창조된 이 주위는 "문화"라고 불린다. 그러나 내가 그것을 홀대하더라도 그것은 내 안에서 어떤 정조를, 바로 저녁의 정조나 새벽의 정조를 자아낸다. 나는 나의 문화에 조율된다. 나는 나의 문화와 부분적으로는 조화를 이루고 부분적으로는 조화를 이루지 못한다. 그래서 이른바 나를 자유롭게 하기 위해 창조된 문화가 나의 조건이 된다. 그러니 이것은 나에 대하여 가로등이다. 그것은 내가 보통은 인지하지 못하는 나의 조건 중 하나이다. 그리고 그 가로등은 나의 조건이기 때문에, 이런 의미에서는 나 자신 외의 그 누구도 이해할 수 없다. 내가 그 가로등을 다른 이들과 공유하고 다른 이들 덕분에 그 가로등을 가지더라도 그렇다.

그렇다면 가로등의 양가성에 대한 물음에 대한 잠정적 대답에서 미리 가정되는 몇몇 전제들을 이처럼 짤막하게 고찰하고 난 지금, 이 대답을 리듬이라는 관점에서 어떻게 새롭게 해석해야 하는가? 가령 다음과 같이 해석할 수 있다. 나의 삶은 어떤 리듬을 따르는데, 이 리듬은 대부분은 나의 문화가 내게 강요한 것이고 일부는 나 자신이 선택했다고 믿는 것이다. 문화의 리듬 자체는 부분적으로는 생물학적으로 규정된 인간 삶의 리듬의 결과이며, 부분적으로는 이 생물학적으로 규정된 리듬의 의식적이거나 무의식적인 전환의 결과이다. 어느 경우든 그에 맞서서 최대한 나의 자유를 주장해야 하는 나의 조건은 생물학적 리듬이 아니라 문화의 리듬이다. 저녁이든 새벽이든 언제나 가로등은 문화 장치의 일부로서 나를 자연적 조건으로부터 자유롭게 하는 척, "밤을 낮으로 바꾸는" 척한다. 저녁에는 나는 가로등을 신뢰하는 경향이 있다. 문화 장치 전체가 나를 사로잡기 때문이다. 그런 까닭에 등불은 그래야 하는 바대로, 즉 장막으로 기능한다. 새벽에 나는 가로등이라는 가림벽을 훤히 꿰뚫어 본다. 내가 느슨해지면 문화 장치의 장악력도 느슨해지기 때문이다. 장치는 외부뿐 아니라 무엇보다 나의 내부에서 영향을 미치는 것이다. 그런 까닭에 등불은 장치가 기대하지 않은 양상을 띠게 된다. 따라서 문화의 본질을 의식할 수 있는, 여전히 열려 있는 한 가지 방법은 새벽에 대도시의 불 밝힌 거리를 걷는 것이다. 그러면 문화는 평소에는 숨겨진 어떤 양상, 즉, 배경으로서 그것의 초라함을 내보인다. 이는 가로등이 저녁에는 스스로 찬미하는 하나의 양상, 즉 축제 같은 배경을 보이는 것과 같다. 따라서 가로등은 바로 이것, 즉 리듬에 따르는 문화적 배경의 일부이며, 이 문화적 배경은 그 리듬의 국면마다 나의 조건을 규정한다.

가로등의 양가성에 대한 질문을 이제 "예술"의 방향으로 제기한다면, 무엇보다도 이러한 유형의 불빛의 예술적 면모가 전면으로 부각될 것이다. 그러나 그렇게 제기되는 물음은 물론 새로 정식화되어야 한다. 이를테면 다음과 같은 물음이다. 예술적/인공적[26] 조명인 가로등은 어떻게 때로는, 즉 저녁에는 연극적으로 미화하고, 때로는, 즉 새벽에는 반연극적으로 폭로할 수 있는가? 달리 말해, 하나의 예술작품인 가로

26 여기에서 독일어 원어 künstlich는 '예술적'과 '인공적'의 중의적 의미를 담고 있다. 아래에서는 문맥에 따라 "예술적" 혹은 "인공적"으로 옮기거나 필요할 경우 "예술적/인공적"으로 옮길 것이다.

등은 어떻게 때로는 그 자신의 "탈진실"로 현실의 진실을 능가하고, 때로는 현실의 진실을 구체적으로 현현시킬 수 있는가? 어떻게 때로는 이데올로기적으로 우리를 "더 나은 세계에 빠뜨리고", 때로는 현실주의적으로 "세계의 본질을 개방"할 수 있는가? 따라서 가로등의 양가성이 던지는 질문은 "예술은 소외시키는가 아니면 통합시키는가?"가 아니라, "어떻게 같은 예술작품이, 경우에 따라 소외시키기도 하고 통합시키기도 할 수 있는가?"이다. 그런고로 가로등의 양가성은 "'순수' 예술가인가, 아니면 '참여' 예술가인가?"라는 문제를 그보다 훨씬 근본적인 문제에 종속시킨다. 수용자의 맥락에 따라 그때그때 "순수" 예술이 되거나 "참여" 예술이 된다는 문제이다.

물음을 이런 식으로 던지더라도 잠정적으로 대답할 수 있다. 물론 첫 번째 물음에서 밝혀진 것도 이 잠정적인 대답에 영향을 미칠 것이다. 그 대답은 가령 다음과 같을 수 있다. 저녁의 가로등은 "순수한" 작용이며, 카타르시스이다. 대도시의 저녁이라는 맥락에서 사회가 예술적인 것에 축제처럼 개방되기 때문이다. 이에 비해 새벽의 가로등은 "정치화하는" 작용이며, 이데올로기의 돌파구이다. 대도시의 새벽이라는 맥락에서는 사회가 현실에 냉정하게 개방되기 때문이다. 가로등의 예술적/인공적 면모는 저녁에는 예술적으로 작용하고 아침에는 인공적으로 작용한다. 가로등의 맥락이 저녁에는 예술이고 새벽에는 현실이기 때문이다. 이 잠정적인 대답과 첫 번째 물음에 대한 대답 간에는 분명 유사점이 있다. 그러나 이런 대답이 가리키는 듯한 방향은 첫 번째 대답과는 사뭇 다르다. 이 방향은 무엇보다 "정치적" 방향으로 간주될 수 있다.

가로등은 공적인 조명 기구이며, 그런 의미에서 정치 공간에 속한다. "공적"이라는 개념은 이전에 닫혀 있던 것이 전시되고 발표되고 출판되는, 즉 정치화되는 저 공간으로 이해할 수밖에 없기 때문이다. 가로등이 전시되고 어떤 전시의 일부라는 사실이야말로 비로소 가로등을 참된 예술작품으로 만든다. 나아가 이것은, 가로등이 예술작품이라고 말하는 근거가 바로 가로등의 정치적 양상에 있다는 뜻이다. 이제 이러한 고찰에서 도출되는 바는, 정치적인 것은 예술의 본질이며 비정치적 예술이란 존재할 수 없다는 점이다. 또한 "순수" 예술 운운하는 사람이 말하는 예술은 비정치적 예술이 아니라, 정치에 관해 "참여" 예술과 다른 역할을 하는 예술이라는 점이다. 그러므로 가로등의 양가성에 대한 물음에의 잠정적 대답은 이러한 관점에서 다음과 같은 문제를 제기한다. 예술작품인 가로등이 언제나 정치적이라면, 가로등은 어떻게 때로는 탈정치화하고 때로는 정치화할 수 있는가?

이 문제에 대한 답변은 무엇이든 간에 현재 "공공성" 개념의 변동과 관련 있을 것이다. 그러니까 가로등이 공적 현상이라는 데는 의심의 여지가 없지만, 현재에는 가로등을 반드시 "정치적"이라고 해야 하는가라는 회의가 존재한다. 가로등은 소위 "대중문화"를 구성하는 현상 중 하나인데, 대중문화가 모든 다른 문화와 구별되는 점은 참여자들을 탈정치화하는 경향이다. 모든 다른 문화는 예전에 사적이던 것을 공적으로 만드는 반면, 대중문화는 사적인 것을 가지고 공적 공간을 차지한다는 뜻이다. 모든 다른 문화가 사적인 것을 개방함으로써 정치적인 것에 공간을 보장하는 반면, 대중문화는 이를테면 가로등같이 전시된 사적인 것을 가지고 정치적 공간을 가로막는다. 이것이 언어유희가 아니라 올바른 주장이라는 사실은 저녁의 가로등을 통해 곧바로 알 수 있다.

정치적인 것의 정조는 책임 있는 결정이다. 정치적 공간에서 타자는 (말하자면 자기 자신으로부터 바깥으로 나옴으로써) 나에게 다가와서 내가 그에게 말하고 대답할 것을 요구한다. 나는 타자에게 태도를 취할 때 이 책임을 걸머지는 것이다. 그리고 이렇게 생겨나는 대화는 그의 미래와 나의 미래에 영향을 미치는 결정으로 이어질 수도 있다. 이에 비해 대중문화의 정조는 책임 없는 소비이다. 대중문화의 공간에서 타자는 내게로, 즉 나의 가장 사적인 것으로 깊이 파고들지만, 내가 대답하도록 허용하지 않는다. 오히려 타자는 나를 규정한다. 다시 말해 내 안으로 파고든 그의 것, 즉 그의 "산물"을 책임 없이 소비하도록 규정한다. 그러므로 대중문화의 공간은 타자가 그 안에서 자신을 전시한다는 점에서는 물론 공적이지만, 그 타자는 내가 그에게 말하고 대답하기를 허용하지 않는다는 점에서 비정치적이다. 그리고 이것이야말로 실로 저녁의 가로등 체험이다. 나는 가로등이 필요하고 가로등을 소비하지만, 가로등에 대한 책임을 걸머질 수 없다. 가로등은 나를 탈정치화한다.

이제까지 현재 예술이 처한 위기에서 중요한 한 가지 양상을 겉잡아서 말했다. 저녁의 도시는 거리마다 조명이 밝혀지고 진열품과 네온사인이 가득하며 자동차들이 급하게 가로지르고 사람들이 형형색색의 옷을 입고 지나가며 영화관마다 영화가 상영되고 식당마다 레코드음악이 울리며 신문 가판대마다 삽화가 휘황찬란하다. 이런 저녁의 도시는 대중문화의 예술 작품을 축제처럼 전시하는 것이다. 이 전시는 너무 강렬하고 너무 광범위하여 어떤 다른 문화의 그 어떤 유의 전시라도 그와 겨룰 수 없다. 대중문화의 전시는 공적 공간을 매우 광범위하고 강력하게 점유하고 있어서, 정치적 의미에서의 어떤 문화를 위한 공간은 점점 더 축소된다. 나아가 대중문화는 우리 주위에서뿐만 아니라 우리 내면에서도 이 공적 공간을 점유하고 있다. 대중문화의 본질은 우리 내면에 파고들어 그 내면에서부터 우리를 규정하는 것이기 때문이다. 그것은 대중문화가 스스로를 사적인 일로 만드는 것이다. 그래서 대중문화는 정치적 공간을 외부로부터 점유할 뿐 아니라 우리가 그 공간의 어떤 나머지를 여는 것조차 방해한다. 그러므로 현재 예술이 처한 위기는, 예술이 우리 주위와 우리 내면에서 어떤 공간을 충분히 갖지 못하는 것, 즉 우리 스스로 결정할 책임을 촉구하는 공간을 충분히 갖지 못하는 것과 관련된다. 예술이 현재 위기에 처해 있는 이유는 오늘날의 정치가 고갈될 위험에 처해 있기 때문이다. 그리고 앞서 말한 바와 같이 예술과 정치는 매우 밀접하다.

이렇게 말해도 좋다면, 대중문화는 경멸적인 단어인 "키치Kitsch"로 묘사할 수 있다. 가령 가로등은 키치라고 주장할 수 있는 것이다. 저녁에 가로등이 모든 것을 연극처럼 미화한다는 점을 감안하면 그런 주장은 정당하다. 하지만 이처럼 가로등에 대해 심미화하는 태도를 취한다면, 가로등의 양가성을 놓칠 뿐 아니라 대중문화 전체의 양가성도 놓치게 된다. 나아가 이 양가성은 바로 내적 변증법으로도 표출되고 외적 변증법으로 표출된다. 이 양가성은 가로등의 이중 기능, 즉 저녁의 키치 기능과 아침의 참여 기능에서 외적 변증법으로 드러난다. 또한, 우리가 저녁의 키치를 카타르시스로 체험하고 아침의 참여를 세속화로 체험할 때에는 내적 변증법으로 드러난다. 이제 가로등의 이러한 내적 변증법, 나아가 대중문화 전체의 이러한 내적 변증법을 눈여겨봐야 할 것이다.

정치적 가치라는 유서 깊은 문화적 가치를 디디고 선 이에게는 저녁의 가로등과 저녁의 도시는 키치와 같다. 그런 사람에게는 여기 펼쳐지는 연극이 그가 보기에 참된 상황, 즉 정치적 상황을 과장되고 선정적이고 심히 부정직하게 위장하는 것이다. 그러나 대중문화 자체를 디디고 선 이에게는 저녁의 도시는 연극이 아니라 현실인데, 그 현실은 유서 깊은 문화를 은폐하는 것이 아니라 오히려 능가하는 것이다. 그런 사람에게 저녁의 도시는 과거 세대가 짊어져온 책임을 면제해준다는 의미에서 카타르시스이다. 공급되는 것들 사이의 선택이 책임을 대체하고, 공급되는 것들이 풍부하므로 결정이 불필요하기 때문이다. 대중문화가 제공하는 공간에서 그런 사람을 움직이는 동기는 더 이상 정치적이 아니라 심미적이다. 그는 탈역사에서 산다. 그래서 유서 깊은 것에서 볼 때는 키치인 것이 새로운 것, 즉 대중문화에서 볼 때는 "순수" 예술이라고 말할 수 있을 것이다. 다시 말해 정치적인 것을 능가한 예술이라고 말할 수 있는 것이다. 그러므로 이러한 내적 변증법은 가로등 그 자체에 있는 모순이 아니라 가로등을 소비하는 사람들에게 있는 모순이다. 이 모순이 벌어지는 무대는 가로등이나 가로등을 창조한 시당국이 아니라 가로등 아래를 거니는 사람들이다. 하지만 여기에 대해서 두 가지를 언급해야 한다. 첫째, 저녁의 도시에 대해 유서 깊은 관점을 취하기란 자못 어렵다. 오늘날 인간은 도시에 마주해 있는 것이 아니라 도시 안에 있기 때문이다. 둘째, 거꾸로 유서 깊은 가치들과 비교하지 않으면서 대중문화 자체의 가치들을 인정하기란 자못 어렵다. 오늘날 인간은 여전히 광범위하게 유서 깊은 것의 산물인 데다 그로부터 좀처럼 벗어날 수 없기 때문이다. 그래서 아마도 키치와 카타르시스의 내적 변증법은 오늘날 인류가 처해 있으며 극복해야 할 위기의 징후일 것이다. 아마도 "키치"라는 개념은 다음 세대에게는 더는 아무 의미가 없을 것이다. 이는 우리처럼 오래된 사람들에게는 상당히 끔찍한 예측이다. 그 예측은 미래가 키치적인 천국이라는 뜻이기 때문이다. 그러나 우리에게는 참된 의미의 예술의 종말처럼 보이는 것이 후세에는 예술의 출현이자 정치의 종말을 뜻할지도 모른다.

저녁의 가로등에서 체험하는 이런 식의 경험은, 약간의 차이는 있어도 아침의 가로등에서도 나타난다. 우리가 유서 깊은 역사를 디디고 선다면, 아침의 가로등은 현실 앞에 세워진 무대 세트로서의 대중문화가 얼마나 초라한지를 인정사정없이 비춘다. 그러므로 가로등은 참된 예술, 즉 대중문화를 폭로하는 예술을 수행할 수 있는, 아직 열려 있는 길을 알려준다. 그래서 가로등은 일련의 폭로하는 예술 경향들, 그래서 유서 깊은 의미에서 참여적인 예술 경향들의 전형이 된다. 팝아트나 환경예술이 그런 경향이다. 또 다른 의미에서는 초현실주의 예술, 판타스틱 아트, 실존주의 예술도 그런 경향이다. 그렇다면 가로등은 전체주의 위험이 있는 대중문화를 돌파하는 전형으로 여겨진다. 우리가 예술가라면 이 돌파구를 통하여 대중문화 안으로 정치적이고 심리적이고 경제적인 가치, 즉 기본적으로 종교적인 가치를 밀어 넣어 대중문화를 "인간화"하고자 할 것이다. 이러한 가치들은 유서 깊고 역사적인 인간이라는 의미에서의 인간의 가치들이기 때문이다. 그러면 이와 같은 역사적인 의미에서 우리는 대중문화의 이데올로기를 부수는 데 참여할 것이다. 한편 대중문화 자체를 디디고 서서 아침의 가로등을 보더라도 물론 가로등을 냉정한 것으로 체험할 것이다. 하지만 이때는 세속화라는 의미에서 그렇다. 그러니까 이 경우에도 가로등을 어떤 돌파구로 체험하겠지만, 이것은 그리로 가치들이 침투하는 돌파구가 아니라 그로부터 가치들이 번져 나오는 돌파구로, 즉 상처로 체험할 것이다. 이런 체험을 한다고 해서 이를테면 이 상처를 아물게 하는 데 참여하지는 않는다. 대중문화를 디디고 선 사람에게 참여란 있을 수 없기 때문이다. 하지만 이런 경우 우리는 바로 도취, 취기, 환각에 그어진 경계, 즉 문화 자체라는 도취에 그어진 경계를 체험할 것이다. 이런 경우 우리에게 대중문화는 곧 문화와 동의어로서 비문화와의 경계이기 때문이다. 그리고 이 경계 체험에 대한 우리의 반응은 재차 도취에 빠져드는 것이 될 것이다. 이것이 한낱 반응인 이유는 대중문화 영역에서는 행동이란 있을 수 없기 때문이다. 따라서 아침의 가로등 체험은 우리를 각성시키지만, 각성 상태의 경악을 들춰낸다는 의미에서 그렇다. 이 체험은 비예술적인 것을 드러내기 때문이다. 그러므로 아침의 가로등을 체험할 때의 내적 변증법은 저녁의 가로등을 체험할 때와 마찬가지로, 소비하는 사람, 유서 깊은 현실에서 유래했으되 새로운 초현실성에 의해 규정되는 사람의 변증법이다. 그런 까닭에 그는 아침에는 가로등에 있어 "거짓된 것"뿐 아니라 "참된 것"에 대해서도 욕지기가 나는 것이다.

가로등의 양가성에 대한 물음을 예술의 방향으로, 따라서 정치의 방향으로 제기하면, 오늘날 자신의 주위 내에서 방향을 설정하는 일이 그렇게 어려운 이유가 아주 정확하게 밝혀진다. 그것이 어려운 이유는 우리 내부에서, 그리고 우리 주위에서 어떤 거대한 변화가 일어나고 있기 때문이다. 이 변혁은 우리 자신의 본성과 우리 주위의 본성을 근본적으로 바꾸기 시작하는 것이다. 우리뿐 아니라 가로등도 두 세계, 즉 역사적인 세계 및 아직 익명인 몽롱한 다른 세계에 속한다. 가로등도 역사적 발전의 산물이자 그 발전에 의해 설명할 수 있는 것인 동시에 대중문화의 일부, 즉 역사적 설명이 점점 무의미해지는 문화의 일부이다. 그래서 그 변혁은 기본적으로 우리 안에서 혹은 가로등 안에서 일어나는 것이 아니라 우리와 가로등의 관계에서 일어나는 것이다. 임박한 변화는 우리가 가로등에 대해 무엇인가, 가로등이 우리에 대해 무엇인가와 관련된다. 이러한 혁명적 변화 앞에서는 우리가 우리 자체로 무엇이고 우리 자체에 대해 무엇인가, 가로등이 그 자체로 무엇이고 그 자체에 대해 무엇인가라는 저 유서 깊은 "객관적"이고 형이상학적인 질문은 완전히 퇴색된다. 그 질문은 점차 의미를 잃기 때문이다. 그리고 이것은 기본적으로 신의 죽음을 뜻한다.

따라서 이제 가로등의 양가성에 대해 예술의 방향으로 제기된 물음에의 잠정적 대답은 새롭게 이해될 수 있다. 그 대답은 이를테면 다음과 같을 수도 있다. 우리가 역사를 디디고 선다면, 우리에게 저녁의 가로등은 키치이고 새벽의 가로등은 아방가르드 예술의 기점이 된다. 우리가 대중문화를 디디고 선다면, 우리에게 저녁의 가로등은 카타르시스이고 새벽의 가로등은 정화하는 축제를 욕지기를 내며 중단하는 것이다. 대답을 이렇게 정식화할 때 분명해지는 것은, 예술의 문제(그리고 이와 더불어 오늘날 전반적인 삶의 문제)가 생산자나 공장이 아니라 소비자에게 닻을 내린다는 점이다. 이것이 소비사회라는 표현의 의미이다. 그러므로 이 상황의 변증법을 그야말로 무시무시하게 만드는 다음과 같은 말을 할 수도 있다. 앞선 대답에서처럼 우리가 역사를 디디고 선다고 하더라도, 바로 우리가 그렇게 스스로를 역사라는 지반 위에 세운다는 것은 이미 우리가 그 지반 위에 있는 것이 아니라 역사 바깥에 있다는 뜻이다. 달리 말해, 우리는 소비사회를 부정하더라도 그 안에 있다.

그러니까 우리의 물음을 상이한 두 방향으로 추적하면서 찾아낸 대답은 두 가지이다. 첫 번째 대답은 가로등이 리듬에 따르는 어떤 문화적 무대 배경의 일부라는 것이다. 또 다른 대답은 가로등이 대중문화에 대한 우리의 양가적 관계의 일부, 즉 아무리 풀려 해도 묶어버리는 속박의 일부라는 것이다. 그래서 가로등의 양가성은, 첫 번째 대답에서는 우리에 대해 외적인 변증법으로 여겨지고, 두 번째 대답에서는 가로등에 대한 우리의 관계 속에 자리 잡은 변증법으로 여겨진다. 첫 번째 대답에서는 문화의 리듬으로 여겨지고, 두 번째 대답에서는 우리 내면의 분열로 여겨진다. 이 두 가지 대답은 서로를 보완하지만, 가로등이 제기하는 문제를 충분히 상술하지는 못한다. 수많은 다른 물음, 어쩌면 셀 수 없는 다른 물음을 제기하는 것은 가능하고 또 필요하다. 나아가 여기 제시된 두 개의 대답, 그리고 여기 제시되지 않은 다른 대답들을 모두 다루는 수많은 관점, 어쩌면 셀 수 없을 만큼의 관점이 있다. 달리 말해, 가로등에 대한 물음을 근본적으로 제기하는 것을 통해 입증되는 사실은, 아마 예전에는 그랬겠지만 오늘날에는 인간의 조건이 더 이상 한 가지의 혹은 몇 가지의 뿌리로 환원될 수 없다는 점이다. 오늘날 "근본적"이라는 의미는 더 이상 "뿌리까지"가 아니라,[27] "도대체 뿌리들이 있다면 하나의 뿌리가 있을 저 구멍, 바로 거기까지"이다. 오늘날 방향을 설정하려는 시도는 이러한 의미에서만, 즉 우리가 방향을 잘못 설정한 이유를 이해한다는 그 의미에서만 가능하다.

27 '근본적이다'를 뜻하는 독일어 radikal의 어원은 '뿌리'를 뜻하는 라틴어 radix이다.

정원

Gärten

돌덩어리로 가득한 황무지라는 도심의 분열된 특성과 대조를 이루려는 의도로 만들어지는 것이 교외의 정원이다. 이런 교외의 거주자는 정원을, 자연에서 떼어내 울로 둘러싼 땅으로 체험하기보다는 문화 안으로 약간의 자연을 들이려는 좀 우스꽝스러운 시도로 체험할 것이다. 이처럼 현대인에게 대단히 독특한 체험은, 익숙함 때문에 은폐되지만 않는다면 오늘날 우리의 존재를 판독하는 열쇠가 될 것이다. 이 체험이 아마도 우리의 "역사적" 조상들이 그 안에서 살았을 것과는 완전히 다른 정조 안으로 우리의 삶을 가라앉히기 때문이다. 우리의 조상들은 웃으며 정원을 거닐었지만, 역사의 후발 주자인 우리는 우습게 정원을 거닐고 있다. 이런 관점에서 보자면, 고풍스러운 미소는 우리에 이르러 우스꽝스럽다 못해 찡그리는 표정으로 바뀌었다. 우리는 조상들과는 다른 탈을 쓴, 다른 유형의 인물이다. 그리고 조상들의 정원이라는 탈과 우리 정원이라는 탈 사이의 차이는 역사 속 인물들과 동트는 탈역사 간의 차이를 보여주는 예시이다.

역사적으로 보면, 우리에게 전승되어온 정원은 철저히 이질적인 여러 경향이 기이하게 수렴된 결과이다. 그러나 도대체 역사적 설명, 즉 발생적 설명이 여전히 우리에게 의미가 있는지 의문스럽다. 우리는 유독 공간적 설명, 즉 구조적 설명에만 관심이 있는 것은 아닌지 의문스러운 것이다. 이 물음은 당분간 제쳐 놓을 것이다. 저 수렴의 결과인 정원은 구조적으로도 제법 흥미로운 어떤 역사적 과정의 사례이기 때문이다. 예를 들어서 역사를 변증법적으로 보는 사람, 달리 말해 역사를 분기하고 분지하는 여러 경향이 펼쳐지는 과정(즉, 혁명적으로 능가하는 과정이나 잠재된 가능성이 폭발하는 엔트로피 과정)으로 바라보는 사람에게는 늘 수렴이 문제이다. 그는 우리가 아는 바대로의 정원을 그것의 역사적 구조 내에서 설명하는 데에 어려움을 겪는다. 왜냐하면 정원은 사막 문화에서 보자면 오아시스이고, 온대 기후의 삼림 문화에서는 숲 속의 빈터이며, 열대 우림 문화에서는 개간지이고, 초원 기후 문화에서는 임원林苑이며, 강과 늪 문화에서는 배수 지대이고, 산간 문화에서는 축축한 곳이기 때문이다. 정원은 이런 모든 문화 유형, 그리고 또 다른 많은 문화 유형에서 서로 사뭇 다른 목적으로 생겨난 것이다. 그러나 그 결과, 이 모든 시도에 공통적인 것이 나타나니 바로 정원이다. 이는 설명하기 수월하다. 어디에서나 정원은 자연을 인간에게 이상적인 환경으로 변형하려는 시도의 결과이다. 이러한 이상은 어디에서나 동일하지만, 어디에서나 주어진 환경에 각각 특유한 방식으로 거스르는 것이다. 다만 물어야 할 것은 이렇다. 이런 자명한 설명이 어떻게 오늘날 지배적인 역사 해석 구조를 허물지는 않으면서 그 안에 통합될 수 있는가?

따라서 역사적으로 보면 정원은 "현실들"이라는 수많은 기점 중 하나에서부터 감행한 시도, 즉 있는 그대로의 자연을 있어야 하는 대로의 자연, 즉 "가치 실현"으로서의 자연으로 바꾸려는 시도이다. 그것은 역사의 목적으로서 정원, 즉 모든 문화가 수렴하는 목표로서의 정원이다. 그렇다면 "유토피아"는 무엇보다도 모든 것을 망라하는 정원이라는 의미도 지닐 것이다. 그렇다고 해도 이것이 "지상 낙원"이라는 표현을 나쁘게 해석하는 것은 아닐 터이다. "낙원[에덴동산]"이 정원이라는 이상을 역사의 종말로부터 역사의 시원으로 신화적으로 외삽하는 것이 아니라면 다른 그 무엇이겠는가? 다만 처음에 언급한, 그리고 현재에 특유한 정원 체험이 입증하듯,

이러한 해석은 오늘날 우리에게 사실상 아무런 의미가 없다. 이는 "지상 낙원"이 우리에게 의미가 없다시피 하며 심지어 좀 우스꽝스럽게 들릴 수도 있다는 뜻이다. 우리 중 많은 이들은 조상들과는 달리 이미 세미라미스의 공중정원[28]에서, 즉 이런 의미에서는 낙원에서 살고 있으며, 따라서 역사의 목적을 그저 꿈꾸는 것이 아니라 날마다 체험하고 있음이 틀림없기 때문이다.

그러므로 오늘날 정원은 역사적 관점이 아닌 다른 관점에서 바라보아야 한다. 다시 말해서, 정원은 매우 광범위하게 문화에 의해 규정되며 문화에 의해 사물화된 인간을 그 문화에서 해방시켜 자연으로 돌려보낸다는, 고의적인 기만의 시도로 바라보아야 한다. 그러므로 오늘날 우리는 정원의 문화가 아니라 원예의 반문화에 대해 이야기해야 한다는 것이다. 다만 불행히도 오늘날 "반反"이라는 접두사는 정원과 마찬가지로 우스꽝스러울 수 있다. "고의적인 기만의 시도"는, 좀 고상한 문맥으로 표현한다면 "관습화된 규약"이다. 정원은 우리의 주위 중에서 관습에 의해 자연이라고 규약화된 저 부분이다. 우리는 그 안에서 문화 장치의 톱니바퀴에서 벗어나려 노력한다. 그러나 이러한 노력은 애초부터 좌절된다고 보아야 한다. 자연의 본질은 "주어지는 것", 즉 그 자체가 관습

28 고대 바빌론의 왕 세미라미스가 지상으로부터 높은 곳에 건축했다는 정원.

적으로 규약화될 수 없는 것이기 때문이다. 그래서 우리가 정원을 산책할 때는 이를테면 자연에서 소요하는 것이 아니라, 실은 "자연"이라 명명한 문화 장치의 한 구역에서 기능하고 있는 것이다. 달리 말해, 문화 장치 내부에서 수행하는 이 기능은 반기능인 척하지만 실제로는 다른 기능들과 동기화되어 바로 기능자로서의 우리들의 삶의 구조를 형성한다.

따라서 오늘날의 정원이 지닌 본질을 포착하려면, 무엇보다도 그것에 상응하는 맥락, 즉 문화 장치의 맥락에서 정원을 파악해야 한다. 그러면 다음과 같이 물어야 한다. 문화 장치 내부에서 정원이란 무엇인가? 정원과 문화 장치의 다른 부문의 차이는 무엇이고, 정원은 다른 부문과 어떻게 연동되며 어떤 목적에 복무하는가? 장치의 각 부분의 특징은 합목적성이지만, 전체로서의 장치의 특징은 무목적성이기 때문이다. 이처럼 전개되는 물음에 대한 대답들은 다음과 같이 자명하다. 정원이 다른 부문들과 구별되는 점은, 무엇보다도 정원에는 식물이 우세하다는 것, 그리고 오늘날로서는 의외이지만 기계가 결여되었다는 것이다. 또한, 정원은 다른 부문으로부터 그리로 공급되는 재화를 소비하고, 다른 부문에서 인간 기능사가 소비하는 산소를 생산한다. 그리고 정원의 목적은 기능자에게 전체주의적 족쇄를 느슨하게 한다는 환영을 불러일으켜 그 기능자를 더욱 꽁꽁 묶어두는 것이다. 이런 대답들은 모두 자명하지만 이제 그 각각을 더 면밀하게 살펴보아야 한다.

식물은 자연적인 존재이다. 인간이 설계하지 않은 구조를 지니고, 인간이 설계하지 않은 과정에서 생겨나며, 가설적 존재인 인류의 시조에게 그의 주위에 주어진 것으로 발견되었다는 의미에서 그러하다. 인간 자신을 포함하여 모든 자연적 존재가 그러하듯이, 인간은 식물을 주어진 것으로 발견하기는 했어도 그것 그대로 받아들이지는 않았다. 오히려 인간은 식물의 구조에 깊숙이 개입하여 그 식물을 자신이 설계한 과정에 복속시킴으로써 자신의 강제력 아래 두었다. 그와 동시에 인간은 식물의 자연성을 억압하여 재배식물/문화식물[29]을 창조해 냈다. 여기서 인간의 목표는 식물을 이용하는 것, 즉 유용한 식물과 유해한 식물을 분리하는 것이었다. 이로써 인간은 자연에는 철두철미 낯선 가치 체계를 식물계에 들여왔는데, 이는 "가치 실현"이라고 불린다. 이러한 가치는 이용가치, 즉 실용적이고 윤리적인 가치였으며, 어떻게 보면 이런 가치에 달라붙는 심미적 요소들은 단지, 말하자면 이용가치에 덧붙여서 취해졌다. 그러나 인간이 가치 실현에 있어서 윤리를 넘어 미학으로 한 단계 더 나아가기를 시도한 것

29 '문화'를 뜻하는 독일어 Kultur는 '경작'이나 '재배'를 뜻하는 라틴어 cultus에서 유래하여 '문화' 외에도 '경작', '재배'를 아울러 의미하는데, 여기에서 Kulturpflanze도 인간이 재배하는 식물이라는 의미와, 자연에 대립하는 문화의 일부인 식물이라는 의미 모두를 중의적으로 담고 있다.

은 원예 식물의 재배였다. 원예 식물이 이용가치를 지닌다면 그것은 단지 우연이었는데, 이는 유용 식물 재배의 심미적 가치가 우연이던 것과 마찬가지이다. 정원의 표면적인 무용성은 자연성이라는 환영을 불러일으킨다. 무용성은 그 자체로는 무가치한 자연의 특징이기 때문이다. 그러나 기실 정원은 유용 식물 재배보다 훨씬 비자연적이다. 정원은 자연처럼 무가치한 것이 아니라 자연의 가치화에 있어서 더욱 진전된 단계이기 때문이다. 정원이 제기하는 문제는 사실, 윤리적 가치 실현 이후에 자연을 어떻게 더 가치화할 수 있고 가치화해야 하는가이다. 그러니까 이것은 원예의 문제일 뿐 아니라 모든 예술의 문제이다. 여타의 문화 장치와 분리하여 고찰해 보자면, 정원은 다음과 같은 물음을 제기한다. 경제적 동기를 심미적 동기로 대체하는 인간, 가령 정원사는 존재할 수 있고 존재할 것인가? 현재에는 그런 인간이 없으므로 이는 미래를 함축하는 질문이다. 현재엔 그런 인간이 없다. 정원사도 모든 다른 예술가와 마찬가지로 문화 장치에 의해 유사윤리적인 목적에 소비되기 때문이다. 그래서 정원은 문화 장치의 심미적 부문이며 그 자체로 유사윤리적인 조직에 내장된다. 따라서 정원에 기계가 상대적으로 결여되었다는 것은 그저 가림벽일 따름이다.

기계의 결여가 그저 가림벽일 따름이라는 것은 전체

조직 내에서 정원의 입지를 보면 명료해진다. 정원은 기계의 산물일 뿐 아니라, 미미하더라도 기계 및 기계의 산물을 사용하기 때문이다. 또한, 정원은 기계에 복무하는 사람들에게 몸과 마음의 휴식을 제공함으로써 미래의 기계 조작에 이바지하기 때문이다. 이를테면 계몽주의 시대의 정원과 달리 오늘날의 정원에서는 시치미를 떼며 기계적인 것을 은폐하고, 후기 낭만주의 풍으로 정원의 이른바 자연성을 강조하지만, 정원은 사실 산업혁명의 전형적인 현상이다. 그저 정원에서 덜그럭거리는 예초기나 정원을 고르는 평탄화 기계 때문이 아니라, 정원이 전체 장치 내에서 수행하는 기계적 기능 때문이다. 정원은 도시 계획이나 단독 주택 계획에서 기계적으로 설계되었다. 그리고 기계적으로 설정된 시점에 정원을 방문하여 산책하거나 "손수 일하며" 휴양하는 사람들은 이 기계장치의 부분이다. 이러한 현상의 기계성을 드러내는 데에는 기계들의 움직임에 대한 특별한 현상학도 필요 없다.

그러나 정원의 본질의 가장 깊은 곳을 적중하는 것은 환영이라는 정원의 특성이다. 그것은 어떠한 맥락에서는 "이데올로기"라고 불리는 것이다. 정원은 속임수이다. 정원은 자연을 가장한다는, 가령 양어장이나 암석과 같은 미니어처 자연을 가장한다는 피상적인 의미에서뿐만 아니라, 토지 소유를 가장한다는, 그러니까 사적인 것을 가장한다는 더 본질적인 의미에서도 속임수이다. 정원은 그것의 소유자가 자기 땅에 있다고 가장하고, 그가 뿌리를 내리고 있다고 가장하며, 그가 홀로 서 있는 땅이 한 평이라도 있다고 가장한다. 다시 말해 "자기 정원 가꾸기"가 여전히 가능하다고 가장하고, 그리하여 문화에서 벗어나지 않으면서도 공공적인 것과 정치적인 것으로부터 격리된 것, 사적인 것으로 귀환할 수 있다고 가장한다. 이러한 속임수는 이미 자리 잡은 장치를 유지하는 데 이바지한다는 정원의 본디 목적이다. "자기 정원 가꾸기"는 오늘날 더 이상 불가능하기 때문이다. 원예가는 더 이상 농부가 아니다. 농부가 된다는 것은 자연에 맞서서 자연에서 재화를 빼앗는다는 의미이지, 문화 앞에서 어떤 유사자연으로 달아난다는 의미가 아니기 때문이다. 또한, 농부는 아무리 거기에 익숙해지더라도 탐미주의자가 아니다. 자기 정원을 가꾸는 것이 아니라 시장에 농작물을 내다 팔고자 밭을 경작하는 것이기 때문이다. 이런 점에서 농부가 된다는 것은 진정한 의미의 정치적 참여이다. 그런 까닭에 농부는 자신의 대지에 닻을 내린다. 땅의 재화를 공개하고 사회에 개방하기 때문이다. 농부가 사적인 것을 지닌다면 그것은 그가 대지의 공개자이고 공동체에 자신만의 기여를 한다는 점에서 그러하다. 서양사에서 뒤늦게 생겨났으며 씁쓸한 체념으로 가득 찬 "자기 정원 가꾸기"라는 말은, 이미 일어난 사건에서 자유롭게 벗어날 수 있다고 주장한다. 그 말이 생겼을 무렵에는 어쩌면 정말 그럴 수 있었을지도 모르지만, 이제는 그렇지 않다. 오늘날 전체주의적 장치는 구석구석마다, 정원의 정자마다 살살이 파고들었다. 장치가 생활권 전체를 개방하고 공개하고 정치화했다는 뜻이 아니라 생활권 전체를 대중화했다는 뜻이다. 그리고 대중은 공적이라고 할 수도 없고 사적이라고 할 수도 없다. 대중화는 완전한 탈정치화인 동시에 완전한 탈개인화이다. 대도시 주위에 대규모로 집결된 데다 근교의 모든 경관을 탈바꿈시키는 경향이 있는 정원은 사적인 것의 장소라기보다는 폭로된 대중의 장소이다. 그러나 그 대중은 자기 정원에서 각각 고립되고 고독하게, 사적인 것, 즉 틀에 박힌 사적인 것이라는, 속이 훤히 비치는 가면을 쓰고 있다. 그런고로 정원은 우스꽝스럽다. 이제 정원은 유럽과 남미에서처럼 마치 그 자체가 환경인 것처럼 가장하기 위하여 울타리를 둘러치기도 하고, 미국에서처럼 개방된 경관의 희비극, 즉 "공공적인 것"의 희비극을 상연하기 위해 울타리를 둘러치지 않기도 한다.

정원 있는 교외에 거주하는 우리는 "자기 정원 가꾸기"의 가능성을 잃었다. 대중문화의 전체주의 경향을 거부하려면 전혀 다른 방식으로 이 경향에 맞서야 한다. 자기 정원 가꾸기는 오늘날 해방이 아니라 기존 체제를 유지하는 데 기여하는 기능이다. 이러한 취지에서 우리가 하는 행동은 언제나 지상 낙원이 우리에게 한 걸음 가까워지게 할 텐데, 이런 지상 낙원은 예컨대 정원의 모습으로, 즉 생태적 문제를 포함하여 모든 문제를 해결하는 보편적인 정원의 모습으로 가까워질 것이다. 오늘날 우리를 자유롭게 하는 참된 은거는 거의 상상할 수 없고, 문화와 역사에의 참된 참여도 거의 상상할 수 없다. 그 이유는, 정원이 지평선까지 다다르더라도 그 지평선 너머로 탈역사의 땅거미가 지기 때문이다. 우리의 정원을 고찰하면, 두터운 구름 아래로 지는 해의 이 어렴풋한 빛이 아마 조금 더 가까워질 것이다.

체스

Schach

사물을 마치 처음 보는 것처럼 응시하는 것은 그 사물에서 지금껏 주목받지 않은 양상들을 발견하는 방법이다. 그 방법은 강력하고 결실이 크지만, 엄격한 규율을 요하므로 실패하기 쉽다. 그 규율이란 기본적으로 잊는 데에 있다. 다시 말해 응시되는 사물에 대한 익숙함, 즉 그 사물에 대한 온갖 경험과 지식을 괄호 치는 데에 있다. 이는 까다로운 일이다. 주지하는 바와 같이 잊기보다는 배우기가 더 수월하기 때문이다. 그렇지만 설령 의도적으로 잊는 이 방법이 성공을 거두지는 못할지라도, 이 방법을 적용하면 놀라운 점이 드러난다. 게다가 그것은 바로 이 방법을 규율에 따라 적용할 수 없는 우리의 무능력 덕분에 드러난다. 이것은 체스 게임이라는 사례를 고찰하면서 설명할 수 있다.

저기 체스보드가 있다. 그 위에는 체스 말들이 초기 위치에 정렬해 있다. 체스보드에만 주목한다면, 그것이 체스보드라는 사실을 잊는 데에 성공할 수도 있다. 그 이유는 이 보드가 체스뿐 아니라 예컨대 체커나 늑대와 양 게임[30]에도 쓰이기 때문이고, 또한 체스 무늬 보드가 체스 게임이 아닌 전혀 다른 목적에 쓰이기도 하기 때문이다. 하지만, 우리가 진정으로 잊고자 한다면 이 사물이 그런 데에 쓰인다는 사실, 즉 문화 산물이라는 사실에 대한 앎까지 괄호 쳐야 한다. 이것이 성공하면 어떤 관점에서 보느냐에 따라, 번갈아 배열되는 연갈색 정사각형과 진갈색 정사각형으로 구성된 가로줄 여덟 개로 나뉜 평면을 보거나, 아니면 동일한 구성의 세로줄 여덟 개로 나뉜 평면을 보거나, 아니면 언뜻 보기에는 몇 개인지 알아보기 어려운 대각선 줄들로 나뉜 평면을 보게 된다. 이 대각선 줄들에서는 연갈색 정사각형들로만 이루어진 줄과 진갈색 정사각형들로만 이루어진 줄이 번갈아 나타나는데, 이때 각 줄의 길이는 모서리에서 중앙으로 갈수록 길어지고 중앙에서 모서리로 갈수록 다시 짧아진다. 처음의 두 시각視角[가로줄이나 세로줄]에서 보면 그 보드는 그야말로 지나칠 정도로 단순해 보이지만, 세 번째 시각[대각선 줄]으로 보

30 '체커Dame'와 '늑대와 양Wolf und Schafe'도 체스보드를 이용하는 보드 게임이다.

면 어지러운 느낌을 준다. 선들이 정확하게 교차하지 않고 톱니바퀴같이 서로 맞물려 있기 때문이고, 보드도 분명한 대칭을 이루지 않기 때문이며, 대각선들을 위에서 아래로 읽을 때와 왼쪽에서 오른쪽으로 읽을 때가 서로 다르기 때문이고, 어떤 독법에서는 이 대각선들이 서로를 부수면서 흡사 톱니 모양으로 평면을 횡단하기 때문이다. 하지만 관찰자는 단박에 다음과 같은 질문을 던진다. '나는 다양한 선입관 없는 관점들에서 이 평면을 보기 때문에 이 평면을 정말로 그렇게 보는 것인가? 아니면 이 관점들에는 사실 선입관이 있지 않은가? 가령 처음 두 관점은 [직선으로 이동하는] 루크가 보는 선입관, 세 번째 관점은 [대각선으로 이동하는] 비숍이 보는 선입관이 아닌가? 이를테면 선입관 없는 체커 플레이어도 똑같이 처음의 두 관점을 취할 수 있는가? 만일 그렇다면, 나에게 그랬던 것처럼 가로줄들과 세로줄들이 그에게도 나타나는가?' 아마 이런 유의 질문에는 대답이 없을 것이며, 현상학적인 관찰 방법은 여기서 이미 어느 정도 흔들리게 될 것이다. 물론 현상학은 이런 유의 질문에 많은 대답을 제시하지만 말이다.

하지만 체스보드를 선입관 없이 관찰하려는 이런 시도에서, 완연하게 다른 어려움들도 등장한다. 예를 들어, 나는 흰색 칸과 검은색 칸이 아니라 연갈색 정사각형과 진갈색 정사각형이라고 말하도록 나 자신을 강제했다. 나는 이렇게 하면서 처음에는 현상학적으로 보아 마음에 거리낌이 없었다. 나의 주장은 다음과 같았기 때문이다. 체스 게임에서는 보드가 흰색 칸과 검은색 칸으로 나뉜다는 합의가 있지만, 그 칸의 실제 색상이 무엇인가는 중요하지 않고 단지 "흰색" 칸이 "검은색" 칸보다 밝으면 된다. 그리고 또 다른 합의에 따르면 우리는 [정사각형이 아니라] 칸이라고 말하지만, 나는 [망각이라는] 규칙에 따라 이 관례를 잊었고, 이제 연갈색 정사각형과 진갈색 정사각형으로 나뉜 보드를 보고 놀란다. 이런 사실은 체스를 두는 동안에는 나에게 감춰져 있었기 때문이다. 그러나 곧 의구심이 생긴다. 내가 연갈색 정사각형과 진갈색 정사각형을 "사실"이라고 말하는 것은 어떻게 정당한가? 가령 "연갈색"과 "진갈색"이라는 단어 자체가 관례인 것은 아닐까? 그래서 우리는 이런 단어들을 배우고 나서야 비로소 그것들을 이해하지만, 이런 단어들을 듣는 사람이 실은 그것을 말하는 사람이 보는 것과 다른 색을 보는데도 그것을 이해하는 것이 아닐까?[31] 정사각형에 관해 말하자면, 문제는 더 좋지 않다. 이 단어는 "기하학"이라고 불리는 대단히 관례화된 언어에서 유래되었다. 기하학에서 이 단어는 적확하게 정의되지만, 체스보드 위에서 보이는 현상을 면밀하게 관찰해 보면 연

31 두 사람이 "연갈색"이라는 말을 공통적으로 쓰면서 그 말이 가리키는 색이 무엇인지 이해하더라도, 이때 이 두 사람이 정말로 마음속에서 똑같은 색을 체험하고 있는지, 즉 똑같은 감각질qualia를 가지는지는 원리적으로 알 수 없다는 의미이다.

갈색과 진갈색 얼룩들은 이 정의에 매우 부정확하게 들어맞을 뿐임을 곧바로 알 수 있다. 그렇지만 이를 알기 위해 이 얼룩들을 관찰할 필요조차 없다. 그 얼룩들은 결코 이 정의에 일치할 수도 없는 것이다. 왜냐하면 아쉽게도 내가 이미 알고 있듯, 그 정의는 현실에는 존재하지 않는 어떤 이상을 정의하기 때문이다. 즉, "정사각형"은 하나의 평면을 의미하지만, 현실에서는 이런 의미에서 평면은 존재할 수 없기 때문이다. 하지만 다음과 같은 더욱 의미심장한 이의가 제기된다. 즉, 보이는 얼룩들은 특정한 시각으로 응시하는 경우에만 대략 "정사각형"과 흡사할 따름이다. 다른 시각에서 보면 예컨대 다양한 유의 평행사변형처럼 다르게 나타난다. 그리고 그 얼룩들이 대략 정사각형처럼 보이는 그 시각은 꽤나 복잡한 계산을 통해서만 찾아낼 수 있다. 그러나 나는 위에서 서술하면서 계산도 하지 않고 즉흥적으로 그 시각을 취했다. 여기에서 무슨 일이 일어난 것인가?

자, 나는 체스보드를 관찰하며 체스 게임을 잊는 데 다소 어렵사리 성공할 수 있었다. 하지만 일련의 다른 관례(혹은 게임)도 잊는 데에는 성공하지 못했다. 그러나 나는 여기에 성공하지 못함으로 해서, 그렇지 않았다면 잊었을 관례들을 고스란히 의식하게 되었다. 나는 이런 일련의 관례에 의지하지 않고서는 체스보드를 응시할 수조차 없다는 것을 문득 의식하게 되었다. 그리고 나는 나의 의식에 문득 나타난 일련의 관례뿐 아니라, 나의 실패에도 불구하고 무의식에 남아 있는 일련의 다른 관례에도 의지한다. 매개되지 않은 직접적인 경험은 대단히 어려워서 나에게 불현듯 일종의 현기증으로 닥쳐온다. 그래서 체스보드는 심연처럼 내 앞에 벌어져 있고, 나는 그 속으로 떨어질까 두려워 감히 그 가장자리 너머로 몸을 숙일 수 없다. 내게 관점/입지가 없다는 것이 문득 바닥이 없다는 것처럼 여겨지기 때문이고, 그런 시도만 해도 발밑의 바닥이 사라져버리는 것처럼 느껴지기 때문이다. 기이하게도 나는 이것을 이론적으로 추론하는 것이 아니라 극히 구체적으로 느낀다. 이러한 체험은 구체적인 존재론적 현기증이라고 부를 수 있을 것이다.

그렇지만 이미 언급했듯 저기 대오를 갖추어 정렬한 체스 말들을 관찰하는 것에 비하면 이것[체스보드 관찰]은 아직 비교적 단순하다. 그리고 비교적 단순한 경우에서조차 대부분의 어려움에 대해서는 논의조차 하지 않았다. 이제 내가 가령 저기 서 있는 체스 말들을 "선입관 없고 순진하게" (예컨대 색깔, 형태, 배열구조, 크기, 무게, 재료에 따라) 묘사하고자 하면, 묘사되어야 할 것의 본질적인 것을 잃게 됨을 알게 될 것이다. 폰에게 본질적인 것은 조야한 작은 불탑처럼 보인다거나 노르스름한 색이라거나 나무로 만들어졌다는 것이 아님을 나는 알고 있으며 잊지 않는다. 폰에게 본질적인 것은 세로로 전진하고 대각선에 있는 상대 말을 잡으며 어떤 상황에서는 변증법적으로 퀸으로 바뀌는 힘[32]이 그 안에 뭉쳐 있다는 것이다. 우리가 밝혀내야 할 폰의 본성은 대각선으로 쌍을 이루면 강력하고 세로로 쌍을 이루면 대개 무력하고 무익하다는 것이다. 어떤 상황에서 이런 세로 쌍이 "본성적으로"(이 말에 유념해야 한다) 유리한 경우를 제외하면 말이다. 그리고 나는 말도 못하고 느끼지도 못하는 나무 조각에서 이 모든 것, 그리고 다른 많은 것을 간파할 수 있다. 또 나는 이 모든 것을 잊는다면 하나의 나무 조각 외에는 거의 아무것도 보지 못한다.

먼저 퀸이나 킹은 제쳐 놓고, 가령 루크에 관해서 이야기할 수 있을 것이다. 루크는 분명히 안달루시아의 해안 절벽에 있는, 관광객의 경탄을 자아내는 저 무어인의 성탑을 연상시키는데, 그에 대해서도 많은 이야기를 할 수 있다.[33] 하지만 지금 루크는 바로 그런 일을, 즉 "연상시키는 일"을 해서는 안 된다. 루크는 자신을 직접적으로 드러내야 하는데, 예를 들어 자신을 여기저기 긁힌 검게 칠한 나무 조각으로 드러내야 한다. 그러나 나는 알고 있으며 잊지 않는다. 루크에 본질적

---

32 폰이 체스보드의 반대편 끝에 도달하는 동시에 폰과 킹을 제외한 기물 중 하나로 승격할 수 있다는, 이른바 프로모션 규칙을 말한다.

33 루크는 성탑처럼 생겼을 뿐 아니라, 독일어에서 '성탑'이라는 의미의 Turm으로 불린다.

인 점은 그것이 긁힌 나무 조각이라거나 안달루시아의 성탑이라는 것이 아니라, 탱크처럼 가로와 세로로 체스보드 전체를 가로지르며 자신 앞의 모든 것을 쓰러뜨리고 가만히 있을 때조차 마치 무언의 위협처럼 온 지평에 힘의 장을 발산하지만, 그 대각선에 단순히 말없이 서 있는 폰에 의해 그야말로 거세되고 무력화된다는 기묘한 사실이다. 그런 까닭에 중반부의 루크에게 특유한 의기양양하고 난폭한 모습은 점차 거의 눈에 띄지 않게 간계와 술책으로 변하여, 종반부에서는 폰 근처로 몰래 다가가 후방에서 공격하려 한다. 그러나 이 공격이 성공한다면 루크의 본래 특징이 다시 드러나고 폰들에 대한 학살이 벌어질 것이다. 이 모든 일이 벌어질 때 루크의 영웅적 용맹성은 실은 그리 대단한 것이 아니다. 처음에는 귀퉁이로 기어들어서 숨어 있다가, 마지막에는 돌격하는 폰을 가로막으려 궁색하게 애쓰면서 종종 킹에게 보호받기 때문이다. 루크는 그렇게 복합적인 존재이다. 루크에게는 이런 것이 거의 보이지 않지만, 이 모든 것을 비롯하여 많은 것이 그것 안에 깊숙이 숨겨져 있다. 루크를 직관하는 것으로 이것 외에 또 무엇을 밝혀야 하겠는가?

그러므로 여기서 중요한 것은 본질직관이 사물을 응시할 때 어떤 "본질"을 응시하는가 하는 것이다. 체스 게임의 경우를 보아도, 그 안에 하나 이상의 본질이 숨겨져 있고, 그

중 하나의 본질을 의도적으로 잊음으로써 다른 본질이 나타나면 이 하나의 본질은 시야 밖으로 사라져 버린다는 것이 분명하기 때문이다. 이를테면 우리가 체스 게임이 하나의 게임이라는 것을 의도적으로 잊는다면, 직관을 통해 체스의 역사적 본질, 가령 안달루시아와 관련된 체스의 운명을 통찰할 수 있다.[34] 그리고 이 직관이 달리 수행되면, 아마도 목제품이라는 체스의 본질, 가령 체스 말의 재료인 나무의 결을 인식할 수 있을 것이다. 그러므로 사물의 어떤 본질을 통찰하는 것은 우리가 그 사물에게 어떻게 개방되는가에 달려 있다. 달리 말해, 우리는 사물에서 우리가 찾고자 하는 어떤 것을 찾아내는 것이 아니라 우리가 어떻게 찾는가를 찾아낸다. 우리가 사물에서 할 수 있는 발견은 말하자면 사물을 급습하는데, 우리에게서 나오는 어떤 방식으로 그렇게 한다. 따라서 그것은 사물에서의 발견일 뿐만 아니라 우리 자신에서의 발견이기도 하다.

이 모든 것은 사물을 현상학적 방법으로 관찰하는 데 익숙한 이에게는 진부할지도 모르지만, 언제나 간과될 위험이 있다. 예를 들어서, 내가 저기 체스보드에 놓인 말들을 관찰하기 시작하면, 그것들에게 있어 본질적인 것을 인식해 내기 위해 한편으로는 그것들에게 있어 익숙한 것을 모두 잊으려 노력해야 하지만, 다른 한편으로는 내가 무엇을 찾고 있는지를 어떤 식으로든 알고 있어야 한다. 내가 체스를 해본 적

34 고대 인도에서 유래한 체스는 이슬람 제국이 지배하던 스페인 안달루시아 지역을 통해 유럽으로 유입된 것으로 추정된다.

이 없을뿐더러 그 게임을 아예 모른다면, 물론 잊으려 노력할 필요도 없다. 하지만 그러면 나는 게임으로서의 체스의 본질을 통찰하지 못할 것이다. 또한, 내가 안달루시아에 한 번도 가본 적이 없을뿐더러 그곳의 성탑에 대해 전혀 모른다면, 체스의 루크가 그 성탑을 연상시킨다는 것을 잊으려 노력할 필요도 없다. 하지만 그러면 체스의 역사적 본질을 결코 통찰하지 못할 것이다. 그리고 내가 나무를 한 번도 본 적이 없을뿐더러 식물학에 대해 들어본 적도 없다면, 체스 말의 나뭇결을 잊으려 노력할 필요도 없다. 하지만 그러면 말들이 지닌 나무의 특징은 결코 나타나지 않을 것이다. 달리 말해, 내가 정말로 전적으로 순진하므로 잊을 것이 없다면, 나는 결코 무언가를 볼 수 없을 것이다. 반면에 내가 체스 플레이어로서 체스에 대한 나의 앎을 잊으려 노력하지 않는다면, 안달루시아적인 것과 목제품적인 것을 알고 있더라도 체스에서 안달루시아적인 것과 목제품적인 것을 결코 발견하지 못할 것이다. 그러나 이에 더해 내가 체스 플레이어로서 체스에 대한 나의 앎을 잊으려 노력하지 않는다면, 폰과 루크의 본질을 결코 의식하지 못할 것이다. 그 본질에 주의를 기울이지 않은 채 받아들이기 때문이다. 따라서 중요한 것은, 나는 잊은 것만 발견할 수 있고, 그것을 잊으려고 의도적으로 애써야만 그것을 발견할 수 있다는 점이다. 그리고 어떤 잊힌 것을 발견하려 하는지 어떻게든 미리 알아야 "올바르게" 잊는 것, 다시 말해 발견을 지향하는 방향으로 잊는 것이 가능하다. 예를 들면, 나는 게임으로서의 체스의 본질을 발견하려 한다는 것을 어떻게든 알아야 그 주변의 모든 것을 잊어버릴 수 있고, 그에 따라 체스의 역사적 본질이 아니라 게임으로서의 본질이 나타난다.

방금 서술한 것이 진부할지도 모르지만, 내 주위의 사물을 관찰하는 것에 대한 논의에서 배제하기는 어렵다. 기본적으로 그것의 의미는 다음과 같기 때문이다. 나는 결코 내 주위의 사물을 진정으로 고립된 상태로, 즉 나와 사물만 존재하는 상황에서 응시할 수 없다. 내가 도대체 무언가를 보려면 언제나 타자가 있어야 한다. 예컨대 체스나 역사나 식물학을 가르쳐 주는 타자가 있어야 한다. 이런 타자가 없다면 나는 사물을 볼 수 없을 테고 따라서 나에게는 사물도 없을 것이다. 그러면 나는 체스를 체스 게임이나 역사적 현상이나 목제품으로 보지 못하게 될 뿐 아니라, 체스를 아예 통찰조차 할 수 없을 것이다. 그러므로 내가 늘 사물에 둘러싸여 있다고 말하는 것은 충분치 않다. 진부하지만, 타자가 늘 함께 있다고 부언해야 한다.

내가 잊은 것만 사물에서 발견한다는 것과, 그 잊은 무언가는 실은 타자의 덕분이라는 것은 적어도 두 가지 방식으로 해석할 수 있다. 그것은 한편으로는 내가 사물에서 늘 타자도 발견한다는 의미일 수 있고, 다른 한편으로는 내가 새로운 것을 결코 발견하지 못한다는 의미일 수도 있다. 이 두 가지의 해석 가능성은 각각 개별적으로 고찰해야 하는데, 그중에서도 두 번째 가능성을 먼저 고찰해야 한다.

내가 폰과 루크의 특징을 개략적으로 상술한 바와 같이 의식하게 되면, 나는 이 특징을 체험하면서 놀라게 된다. 즉, 나에게 새로운 무언가로 체험하는 것이다. 그리고 그 놀라움이란 이런 것이다. '이것이 내가 그렇게 잘 안다고 여기던 폰과 루크인가?' 그러니까 그것은 오랜 것에서의 새로운 것이다. 그리고 내가 이 놀라움을 타자에게 전달한다고 해도 체스를 배운 사람만 그 놀라움을 함께 체험할 것이다. 직관에서 드러난 폰과 루크의 특징은 오직 그런 사람에게만 새로울 것이다. 이런 특징은 체스 지식이 없는 사람에게는 새로운 것도 아니고 오래된 것도 아니며, 오히려 정보 이론에서 소음이라고 부르는 것이 될 것이다. 이를 통해 내가 추론할 수 있는 것은, 무언가가 새로운 것으로 체험되려면 이미 알려진 것이어야 하며, 알려지지 않은 것은 모두 아예 체험되지 않으므로 새로운 것으로 체험될 수도 없다는 점이다. 그러므로 이런 의미에서는 내가 새로운 무언가를 결코 발견하지 못한다는 것은 옳다. 내가 새로운 것으로 체험하는 모든 것은 오래된 것을 재발견하는 것이다. 그러나 다른 한편 내가 오래된 것을 재발견할 때는 그 오래된 것을 새로운 것으로 체험한다는 것도 옳다. 그리고 타자가 나를 위해 새로운 것을 발견하려면, 내가 이 새로운 것을 어떻게든 이미 알고 있어야 한다는 것도 옳다.

물론 그렇다고 해서, 실제로 점증적 발견들이 서구 역사의 특징이라는 점, 그리고 실제로 어떤 다른 의미에서 새로운 것이 거듭 발견된다는 점을 부정할 수는 없다. 앞서 말한 것은 그보다는 대략 다음과 같은 의미이다. 콜럼버스가 아메리카를 발견할 수 있던 것은 사람들이 이미 아메리카를 알았기 때문이다. 사람들이 아메리카를 알지 못하고 다시 잊었더라면, 콜럼버스는 그것을 찾고자 하지 않았을 뿐 아니라 우연히 그것과 조우했음을 알아차리지도 못했을 것이다. 이것은 우리가 실로 언제나 어떤 알려지지 않은 것을 우연히 마주치면서도 그것을 의식하지 못하는 것과 같은데, 예를 들어 콜럼버스가 발견한 인디언의 문화적 놀이들이 그렇다. 이런 놀이들은 어떤 식으로든 알려진 후에야, 그러니까 그 놀이들이 소멸한 지 한참 후에야 발견될 수 있다. 이것이 어떻게 알려지게 되는지, 즉 이런 의미에서 새로운 것이 어떻게 발견될 수 있는지를 여기서 설명할 수는 없다. 다만 한 가지 분명한 점은, 직관에서, 즉 경험으로 얻은 체험에서 우리는 알려진 것만 다시 발견하고 새롭게 체험할 수 있다는 것이다. 우리가 이를테면 새로운 지식을 "발명"이라고 지칭한다면, 발명된 것을 잊고 그 다음에 찾고자 해야만 이 발명된 것을 직관이 발견하는 일이 가능하다고 할 수 있다.

현상학적 방법의 오류 가능성에 대한 ["내가 새로운 것을 결코 발견하지 못한다"는 해석이 아니라] 또 다른 해석의 가능성은 내가 사물에서 언제나 타자도 발견한다고 해석하는 것이다. 다시 말해, 사물이 실은 스스로 말하는 것이 아니라 언제나 타자의 목소리로 말한다고 해석하는 것이다. 여기에서 체스라는 사례는 특히 유용하다. 그러니까, 체스는 그것이 어떤 목적을 위한 것임을 내가 잊을 수 없는 사물이다. 만일 내가 억지로 그 사물을 잊어버려서 그 사물을 목적이 없는 것인 양 관찰한다면, 그것은 그 즉시 더는 체스가 아니게 된다. 그것은 서로 무관한 서른두 개의 나무 조각과 하나의 판자가 우연히 모인 지리멸렬한 덩어리로 해체된다. 이 더미에 형태를 부여하는 것은 목적일 뿐이다. 이제 목적에 의해 그 형태가 규정된 사물은 산물이라고 불린다. 그리고 일단 내가 이 목적에 의해 규정된 형태를 의식하면 나는 이 산물의 생산자를 의식하게 된다. 즉, 최종적으로 나를 향하는 몸짓으로 이 산물을 창조한 저 타자를 의식하게 된다. 가령 이 체스 게임과 같은 산물은 최종적으로 내게 복무한다는 목적을 지니기 때문이다. 그러므로 산물로서의 체스에서 그것의 본질로서 내게 말하는 것은 타자의 목소리이다.

이 목소리는 이제 나에게 명령법으로 말한다. '나를 플레이하라!' 저 체스가 복무하는 목적은 나를 향해 무언의 명령을 내린다. 그렇게 무언의 명령으로서 저 체스는 내 주위에 있다. 이 명령은 무언의 것일지라도 너무나 강력해서, 나는 저 체스를 명령으로 인지할 수밖에 없고 플레이할 수밖에 없다. 그러므로 "나에게 복무한다"는 말은 나를 규정한다는 뜻이다. 따라서 내가 체스를 직관하면서 잊으려고 노력하는 일의 기본적 목적은 체스가 그것의 목적에서 벗어나서 스스로 말하게 하는 것이다. 그러면 참으로 말해지는 것은, 체스를 통해 나에게 명령을 내린 자의 목소리이다. 그래서 체스의 경우에, 나아가 문화적 사물 일반의 경우에 이렇게 말할 수 있다. 나에 대한 타자의 명령에서 벗어나고 문화적으로 규정받는 데에서 벗어나려면, 이 타자가 이런 사물들의 본질임을 발견하고, 이를 통해 타자의 명령법을 어떤 직설법으로 바꿔야 한다. 문화과학이 명령법을 직설법으로 바꿈으로써 문화적으로 규정되는 데에서 벗어나는 것이라면, 문화적 사물에 대한 본질직관은 문화과학의 한 국면이다.

목적과 유용함과 가치 없이 그지 내 주위에 있는 사물들, 이른바 자연적 사물들은 이와 다를 것이다. 내가 이런 사물을 어떻게 내가 규정하는 목적에 사용할 수 있는가, 다시 말해 이런 사물에 어떻게 가치를 부여하고 (가령 "사용하다 verwenden"라는 단어가 암시하듯) 자연에서 문화로 돌릴wenden 수 있는가는 다른 측면의 물음이며,[35] 분명 이런 사물에 관한 아주 특정한 관점과 관련이 있다. 그러나 자연의 사물을 사용하고자 그렇게 직관하는 것은 여기서 논하고 있는 "순수" 직관이 아니다. 그러나 내가 그러한 사물을 "무관심하게" 응시한다면, 산물에서 타자의 목소리가 말하는 것과 같은 의미로 타자의 목소리가 내게 말하지는 않는다. 오히려 그런 사물의 뒤에는 의미와 목적이 전혀 없는 실재가 말없이 입을 벌리고 있다. 이처럼 목적 없고 의미 없는 실재의 심연이 바로, 자연이라고 불리는 그것이다.

물론 여기로부터도 타자의 목소리가 말을 하지만, 이것은 다른 의미의 말이다. 즉, 그 목소리는 같은 사물을 나보다 앞서 응시한 자의 목소리로서 나에게 말한다. 저기 저 사물은 내 시야보다 앞서 타자의 시야를 가로질렀다. 나는 사물을 응시하면서 이런 사실을 즉각 안다. 타자의 시선은 어떤 식으로든 저기 저 사물에 달라붙은 채 머물러 있다. 그러니까 그 시선이 거기 머물러 있지 않았다면 그 사물은 나에게 보이지 않았을 것이다. 내가 그 사물에서 보는 것은 기본적으로 타자의 시선일 따름이다. 타자의 시선은 저기 저 사물이 나에

35 여기에서 '사용하다'라는 의미로 쓰인 독일어 verwenden의 어근은 '돌리다'라는 의미의 wenden이다. 또한 verwenden은 드물지만 '돌리다'의 의미로도 쓰인다.

대해 보이도록 했다. 다시 말해 나를 위해 그것을 발명했다. 나는 그 사실을 알고 있는데, 그렇지 않다면 이 사물을 발견할 수 없을 것이다. 그러니까 타자는 발견된 자연 사물에서는 발명자의 목소리로 나에게 말하고, 문화 사물에서는 거기 덧붙여서 생산자의 목소리로도 나에게 말한다.

이 두 가지 해석은 다음과 같이 요약할 수 있다. 즉, 내가 사물을 고찰할 때 발견하는 것은 사물의 발명자로서의, 그리고 경우에 따라서는 사물의 생산자로서의 타자이다. 또한 내가 이것을 발견하는 일은 내게 그리고 타자들에게 새로운 것의 체험이다. 예를 들어 체스에서 내가 발견하는 타자들은 자연의 사물로서의 체스를 발명하고 게임으로서의 체스를 생산한 타자, 그리고 이 발명과 생산을 내게 가져다준, 길게 줄지어 있는 저 모든 타자이다. 내가 체스에서 발견하는 것은 기본적으로 이것뿐이며, 내가 이것을 발견한다는 것은 나로 하여금 체스를 새로운 것으로 체험하게 한다.

따라서 나는 체스에 대해 선입관 없는 관점을 취하는 데에는 성공하지 못했고, 다만 내가 알지만 잊었던 타자들이 나보다 앞서 체스에 대해 취했던 몇 가지 관점을 취하는 데에 성공했다. 나는 체스에 대해 아는 모든 것을 잊으려 노력했기 때문에 이 다른 잊힌 것들을 기억했다. 체스가 스스로 말하게 하려는 시도가 좌절되어 저 타자들이 말하게 되었다. 그래서 이제 체스, 그리고 나의 모든 주위는 불현듯 나보다 앞서 직관하고 행동한 저 모든 자들의 수천 가지 목소리로 말한다. 사물을 마치 처음 보는 것처럼 응시하는 것은 이처럼 강력하고 결실이 큰 방법이어서, 그 방법이 실패하더라도 어떤 것을 빛 아래로 끌어낸다[즉, 몇 가지는 밝혀낸다].

막대

Stöcke

우리는 숲의 오르막길을 오르다가 막대로 사용할 만한 가지를 찾으려 주위를 두리번거린다. 그런 식으로 두리번거리기를 결심한 그 순간이 낳는 결과로, 숲에 대한 이제까지의 조망이 완전히 바뀔 뿐만 아니라 숲의 모습도 완전히 바뀐다. 우리가 사물을 어떻게 응시하느냐에 따라 사물의 모습이 달라진다는 예시이다. 이 글의 의도는 막대로 사용할 만한 가지가 나타나도록 숲의 모습이 바뀌는 것을 추적하는 데 있다.

우선 숲길을 걷는 데 있어서 가능한 유형 네 가지를 서술하고, 다음으로 이 네 가지 가능성이 막대를 찾는 일로 바뀌는 것을 서술할 것이다. 가능한 유형 네 가지란, 생각에 잠겨 걷기, 숲을 살피며 걷기, 숲을 즐기며 걷기, 귀로를 찾으며 걷기이다. 이를 서술하기 전에 몇 가지 해둘 말이 있다. 첫째, 이 네 가지의 걷기 유형은 서로 사뭇 다르지만, 서로 배타적이지는 않아서 서로 연결될 수 있을 뿐 아니라 여기 언급되지 않은 다른 유형들과도 연결될 수 있다. 둘째, 네 가지 유형은 아무리 상이하더라도 모두 특정한 유형의 "숲", 즉 보행 가능한 "숲"을 전제로 한다. 다시 말해서, 가령 폐쇄되지 않고 개방되어 있는 숲의 유형이다. 셋째, 이 네 가지 유형은 아무리 상이하더라도 모두 특정한 유형의 "걷기", 즉 위협받지 않는 "걷기"를 전제로 한다. 곧 드러나겠지만, 귀로를 찾으며 걷기라는 유형도 마찬가지이다. 넷째, 네 가지 유형은 아무리 상이하더라도 모두 숲을 걷는 사람과 숲이 하나로 섞이지 않는다는 것을 전제로 한다. 숲을 걷는 사람은 숲에게, 그리고 숲은 숲을 걷는 사람에게 어떤 식으로든 낯설다. 이것은 숲을 즐기며 걷기라는 유형에서도 그렇다. 아니, 특히 이 유형에서 그렇다.

이처럼 앞서 말해두는 네 가지 진술이 의미하는 바는 기본적으로 다음과 같다. 여기에서 논의할 네 가지 걷기 유형은 인간에게 전형적이어서 아마 "고등동물"에게도 없을 것이다. 물론 (이것도 의심스럽기는 하지만) 개는 유일한 예외일지도 모른다. 개는 오랜 옛날부터 인간과 공생하면서 수많은 인간적인 것을 받아들여 그것을 하위인간적인 것으로 전도시켰기 때문이다. 이 네 가지 걷기 유형은 동물에게는 없으며, 가설적 존재인 인류의 시조에게도 없었다. 이들은 본디 "숲에서 걷는 것"이 아니기 때문이다. 이들은 숲의 일부이므로 이런 의미에서 이들이 걷는 것은 "숲이 걷는 것"이다. 이것을 언급한 것은 혹시 모를 오류를 예방하기 위함이다. 그 오류는, 전형적으로 인간적인 것이란 가지를 막대로 사용하는 것, 즉 기술이라는 것이다. 그러나 전형적으로 인간적인 것은 기술보다 훨씬 이전에 시작되었다. 기술은 어쩌면 전형적으로 인간적인 것으로부터의 일종의 이반을 표상하는지도 모른다. 이런 오류는 만연하기 때문에, 처음부터 그 오류를 방지할 필요가 있어 보였다.

생각에 잠겨 숲길을 걷는 것은 그 숲길에 주목하지 않으면서 걷는다는 의미이다. 하지만 걷기 자체에 주목하지 않으면서 걷는다는 의미이기도 하다. 그러면 이는 다시 걸음이나 발에 주목하지 않으면서 걷는다는 의미, 요컨대 걷는 몸에 주목하지 않으면서 걷는다는 의미이다. 그러므로 이는 사고가 모든 시선을 스스로에게 집중시키고, 숲길, 숲, 걷기와 걷는 몸은 시야에서 사라지는 상태이다. 그렇게 내면으로 향하는 시선은 기이한 의미에서 비자연적이다. 즉 인간적이다. 이것은 중의적 의미이다. 즉 그 시선이 눈의 "본성/자연"과 모순된다는 의미이자, 숲길, 걷기, 자기 몸으로서의 "자연/본성"을 지각하지 않는다는 의미이다. 자연적인 것으로부터 비자연적인 것으로 시선을 돌리려면 우리가 자연적인 것을 홀대해야 할 뿐 아니라 자연적인 것도 스스로 홀대받음을 허용해야 한다. 그러나 자연적인 것(이 경우 자신을 둘러싼 주위 안에 있는 몸)이 스스로 홀대받음을 허용하는 것은 모든 것이 "질서"에 맞거나 아니면 모든 "무질서"를 의지적으로 억압하는 규율이 확립될 경우뿐이다. 따라서 우리는 두 가지 방법으로 생각에 잠길 수 있다. 우선 자연적인 것을 홀대하는 의식적이고 의지적인 방법이다. 자연의 모든 무질서를 억압하는 이 방법은 특히 동양의 방법이다. 다음으로 자연적인 것을 홀대하는 덜 의식적인 방법이다. 모든 자연적인 것을 질서에 맞게 하는 이 방법은 기본적으로 서양의 방법이자 서양사의 목표이다. 동양의 방법이 지닌 위험은, 억압된 무질서한 것이 난폭하게 다시 나타나 그 억압하는 자를 생각하는 상태 바깥으로 끌어낼 수 있다는 것이다. 서양의 방법이 지닌 위험은, 질서에 맞추는 데에 과도한 에너지와 시간이 필요한 데다 과도한 관심이 요구되어 생각에 잠기는 일이 아예 일어나지 않을 수 있다는 것이다. 생각에 잠겨 숲길을 걷는 이는 누구나 서양의 목표를 달성한 것이다. 즉, 그의 신체와 주위가 함께 질서에 잘 맞아서 둘 다 홀대받아도 좋을 상태로 바뀐 것이다. 그런 까닭에 그는 숲길을 걷는다. 물론 그가 어떤 생각에 잠기는가라는 물음은 아직 대답되지 않았다. 생각해야 할 것은 결국 언제나 무질서한 것, 다시 말해 나와 내 주위 간의 부조화이기 때문이다. 그러므로 다음과 같은 역설이 따른다. 나는 생각에 잠기려면 주변에 질서를 세워야 하지만, 질서를 세우면 생각에 잠기는 목적이 사라지는 듯하다. 이는 저주처럼 서양을 떠돌며 서양 전체를 의문시하는 저 역설의 한 측면이다.

이에 비해 숲을 살피며 숲길을 걷는 것은 매우 특정한 유형의 주목을 기울인다는 의미이다. 즉, 숲이 나로부터 독립적으로 그 자체로 응시될 만한 어떤 것임을 인정하는 주목이다. 이러한 유형의 주목을 “관찰”이라고 부를 수 있는데, 이는 내가 숲에 맞서는 입지, 즉 관찰하는 주체의 입지에 선다는 것을 전제한다. 그러한 입지에서 나는 숲을 나의 대상으로 변화시킨다. 즉, 내가 숲에 속하는 것이 아니라, 숲이 내게 속하는 어떤 것, 적어도 내게 속할 수 있는 어떤 것이 된다. 그와 같이 숲을 객관화하는 시각은 비자연적이다. 즉 인간적이다. 그 객관화에서는 인간이 자연으로부터 두드러져 나와 자연에 맞선다는 의미에서 그렇다. 우리는 종종 자연을 대하는 이러한 태도가 현대인의 특징이며 사실 이러한 태도를 시종일관 고수함으로써 비로소 자연과학이 가능해졌다고 말하곤 한다. 그러나 이러한 태도는 단지 현대인의 특징이 아니라 인간의 보편적인 특징일 것이다. 그 태도는 정확히 “낯설게 하기"라는 용어로 표현되는 태도이기 때문이다. 관찰하는 시선은 낯설어진 시선이다. 모든 관찰은 우리가 관찰되는 것에 대해 느끼는 낯섦을 토대로 하기 때문이다. 우리는 늘 무언가 다른 것만 관찰한다. 그리고 자기관찰을 할 때는 자기 자신을 어떤 다른 사람으로 느낀다. 관찰자는 자기 자신을 철저히 지우고, 자기 자신을 관찰되는 것으로부터 인상을 받는 장소일 뿐이라고 믿을 수도 있다. 예컨대 영국의 경험주의자들은 실제로 그렇게 믿었다. 하지만 이 믿음은 오류에 근거하고 있다. 주체임은 자기 자신을 지웠다는 의미일 수 없다. 주체가 되는 것은 객체를 넘어선다는 의미이기 때문이다. 그리고 이 넘어섬은 객체를 전유하려는 몸짓이다. 따라서 저 믿음과는 반대로 주체는 객체에 맞서 지워지는 것이 아니다. 오히려 주체는 객체를 집어삼켜 흡수하려는 어떤 소용돌이다. 다시 말해 주체는 자신의 낯설어짐을 극복하기를, 즉 모든 객체를 자기 내부로 받아들이기를 시도하는 것이다. 물론 관찰 자체에서는 이러한 목표가 철저히 그 상황의 지평 바깥에 있을 수도 있고, 따라서 관찰할 때 그 관찰이 목표가 없다고, 즉 "순수하다"고 여길 수도 있다. 그러나 사실 모든 관찰은 그 관찰의 구조에 의해 주어지는 목표, 즉 관찰되는 것을 관찰자의 권능 아래에 둔다는 목표를 추구한다. 그러니까 숲을 살피며 숲길을 걷는 이에게 숲은 낯설고, 따라서 그는 숲을 자신의 권능 아래에 두어 숲을 전유하려 시도한다. 물론 여기에서 제기되는 물음은 숲을 소유한다는 것이 대체 무슨 의미가 있는가이다. 그 의미란 분명 숲을 홀대하면서 생각에 잠겨 숲길을 걸을 수 있는 것일 터이다.

숲을 즐기며 숲길을 걷는 것은 바로 앞서 논의한 유형의 주목과 대칭을 이루는, 정반대 유형의 주목을 숲에 기울인다는 의미이다. 우리가 숲을 살필 때는 숲에 대해 우리 자신을 개방하여 숲을 흡수하려 한다면, 숲을 즐길 때는 숲에 대해 우리 자신을 개방하여 숲에 흡수되고자 한다. 이 진술만으로도 명백해지는 것은, 숲길을 걷는 이 두 가지 유형에서 우리가 처해 있는 구조가 꼭 닮았다는 점이다. 즉 우리는 어떤 객체에 대한 주체라는, 낯설어진 상태에 처한다. 다만 숲을 살필 때와 즐길 때는 낯설어짐을 극복하는 방법이 다를 뿐이다. 우리는 [숲을 살필 때는] 숲을 우리 자신으로 끌어올려 우리 자신과 숲 사이의 변증법적 긴장을 지양하려 하지만, [숲을 즐길 때는] 우리가 숲으로 다시 가라앉아 우리 자신과 숲 사이의 변증법적 긴장을 원상태로 되돌리려 하는 것이다. 첫 번째 방법의 관점에서는 두 번째 방법이 반동적인 방법으로 보이고, 두 번째 방법의 관점에서는 첫 번째 방법이 급진적인 낯설게 하기로 보인다. 그렇지만 두 가지 방법 모두를 다루는 성찰적인 관점에서는, 이 둘은 서로를 보완하는 방법들이고 모두 똑같이 문제가 있는 방법들로 보인다. 물론 즐기는 방법은 살피는 방법보다는 더 주체를 지우는 것처럼 보인다. 이때 주체에게는 자신이 스스로를 희생하여 숲에 몰두하는 것으로 보일 수도 있다. 이는 실로 낭만주의자와 신비주의자들이 자주 주장하는 바이기도 하다. 하지만 경험적으로 살필 때 자기가 지워진다는 것이 미혹인 것만큼이나, 이러한 몰두도 미혹에 불과하다. 그 이유는 다음과 같다. 물론 숲을 즐길 때에는, 숲과 합일된다고 느끼고 생명이 있거나 없는 숲의 무수한 양상들과 합일된다고 느끼는 정조에 빠진다. 그래서 이런 양상들과 공유하는 근거를 발견하고 자기 자신이 숲의 한 양상이 된다고 느끼기도 한다. 하지만 이런 정조에 빠진다고 해도 이것은 여전히 자기 자신으로부터 발산되는 정조일 따름이다. 우리는 숲에 용해되는 것이 아니라 숲을 자신의 정조로 용해함으로써 숲에 가라앉는 것이다. 이런 식으로 숲속을 걷는 것은 비자연적이다. 즉 전형적으로 인간적이다. 사실 살핌과 즐김의 차이는 인식론과 미학의 차이이다. 첫 번째 방법에서는 인식으로, 두 번째 방법에서는 체험으로 주체와 객체를 결합하려 한다. 그러니까 둘 다 주체라는 기호 아래에서 그렇게 하는 것이다. 물론 첫 번째 방법과 달리 두 번째 방법의 목표는 숲을 소유하는 것이 아니라 거꾸로 숲에 소유되는 것이며, 따라서 두 번째 방법은 첫 번째 방법의 역설을 피할 수 있다고 주장할 수도 있다. 실제로 두 번째 방법은 첫 번째 방법만큼 서구에 특유한 것이 아니기는 하다. 그러나 그러한 주장은 역설 그 자체가 아니라 역설의 한 양상만 피할 것이다. 역설은 여전히 남는다. 향유라는 방법이 성공한다고 해도 인간의 낯설어짐은 극복되는 것이 아니라 은폐될 뿐이다. 그렇다고 해서 이 두 가지 방법이 방법으로는 문제적이기는 하지만, 자체적 목적으로는 만족감을 준다는 점은 부인할 수 없다. 이 방법들이 사람됨의 역설을 극복하려고 하지 않고 긍정하려고 한다면 말이다.

다른 한편, 귀로를 찾으며 숲길을 걷는 것은 앞서 논의한 두 가지[숲을 살피며 걷기와 숲을 즐기며 걷기]와는 근본적으로 다른 특별한 주목을 숲에 기울인다는 의미이다. 숲을 향하는 그 시선은 응시하거나 주시하는 시선이 아니라, 의식적으로 멀리 보는 시선이기 때문이다. 이때 우리는 집을 향해 숲을 넘어서 바라보며, 따라서 숲을 저항의 의미, 치워야 할 장애물의 의미를 지닌 대상으로 받아들인다. 그러면 이것은 나와 숲의 관계를 극복한다는 의미가 아니라, 숲을 극복하여 자신에게로 돌아온다는 의미이다. 그러한 걷기는 이런 의미에서 비자연적이다. 즉 전형적으로 인간적이다. 왜냐하면 그 걷기는 자연을 방해물로 간주하고 극복하려 하기 때문이다. 따라서 그러한 걷기는 앞선 세 유형보다 훨씬 더 인간에게 특유한 듯하다. 인간이 어떻게 자연을 넘으려 하고 넘을 수 있는지를 증언하기 때문이다. 하지만 기이하게도 이 유형의 걷기는 앞에서 논한 세 유형보다 오히려 인간에 덜 어울리는 것으로 드러난다. 실로 우리는 생각에 잠기거나 살피거나 즐기면서 숲길을 걷는 동물은 상상조차 할 수 없지만, 종종 숲속에서 필사적으로 길을 찾으려 하는 동물은 상상할 수 있다. 하지만 이 경우에 인간과 동물이 유사하다는 것은 그릇된 의인화의 결과라고 이해할 수 있다. 동물이 길을 찾는 것은 인간의 그것과는 다른 의미이기 때문이다. 동물은 자연 안에서 자신에게 적합한 장소를, 아리스토텔레스식으로 표현하면 자신에게 정당한 장소를 찾는다. 그리고 동물은 그런 장소를 찾는 데 있어 자연 너머에 시선을 두는 것이 아니라 자신 내면의 자연/본성에, 즉 자신의 "본능"에 시선을 둔다. 그러나 인간은 자신이 선택한 장소를 찾으며, 그런 장소를 찾는 데 있어 자유를 지향하여 그야말로 자연을 넘어 자신이 선택한 장소에 시선을 둔다. 이처럼 탐색하는 동물과의 유사성은 오류에 기인하는 것일 수 있다. 그렇지만 이미 언급한 바와 같이, 탐색하는 인간은 앞선 세 가지 경우에서 논의했던, "순수하게" 걸어가는 인간보다는 어떤 식으로든 덜 인간적이다. 언뜻 보기에는 오히려 정반대로 보이지만 말이다. 이 점은 아래와 같이 설명할 수 있다.

"이론"을 가령 "목적이 곧바로 드러나지 않는 응시"라고 이해한다면, 우리는 위에서 논의한 세 가지 걷기 방식[생각에 잠겨 걷기, 숲을 살피며 걷기, 숲을 즐기며 걷기]을 "이론적" 방식이라고 부를 수 있다. 그리고 이처럼 목적을 홀대하는 응시, 혹은 목적을 부정하고자 하는 응시야말로 가장 인간적인 것을 이룬다. 우리는 이 "목적의 홀대"를 인간의 낯설어짐의 징후나 일종의 광기로 간주할 수도 있다. 하지만 우리는 이것을 인간에게 근본적인 진지하지 않음, 즉 유머와 아이러니, 유희와 빈둥거림으로 간주할 수도 있다. 여하간 목적을 홀대하는 것이야말로 인간을 우리가 아는 모든 존재와 구별하는 것이라고 보아야 한다. 이렇게 이해한다면, 이론은 인간에게 걸맞은 풍토이다. 그러나 지금 논의하고 있는 걷기 방식[귀로를 찾으며 걷기]은 이런 의미에서 이론적이지는 않다. 그것은 바로 합목적적이고 진지한 걷기, 즉 전적으로 진지하게 걷기이기 때문이다. 걸을 때 그 차이를 확연히 느낄 수 있다. 귀로를 찾을 때는 어떤 강제적 요소가 깃든다. 우리는 규정되고 시달리고 압박받는다고 느끼고, 자유로운 존재의 품위를 잃는다고 느낀다. 물론 그렇다고 해서 가령 모험을 강행하기 위해 이런 상황을 자발적으로 유발할 수 없는 것은 아니다. 이러한 경우에는 자유의 변증법이라는 양상이 출현한다. 그렇지만 어떤 경우라 해도 귀로를 찾는 인간은 그 사람됨이 위험에 처한다. 그러나 끊임없이 위협받는 동물처럼 그렇게 위험에 처하는 것은 아닌데, 여기서는 귀로를 찾으면서도 전형적으로 인간적인 방식으로 걷기 때문이다. 인간은 실제로 위협을 받으면, 즉 방향을 잃었다는 의미에서 헤매면, 그때 비로소 동물처럼 길을 찾기 시작한다. 그러면 그는 가령 동물 수준으로 떨어지는 것이 아니라 그보다 아래로 깊이 추락한다는 것이 밝혀진다. 그 이유는 그가 자신의 "역사"라고 불리는 길 위의 어디에선가, 자연에 대한 직접적 통찰, 예컨대 "본능"에 대한 직접적 통찰을 잃어버렸기 때문이고, 그래서 그가 정말로 자연의 한가운데에 있다면 말 그대로 길을 잃은 것이기 때문이다.

귀로를 찾는 것 역시 전형적으로 인간적인 걷기 방식이다. 이것 자체가 다른 유형들과 같은 방식으로 이론적이지는 않지만, 예컨대 지도, 태양의 위치, 풍경 속 장소명과 같은 어떤 이론에 기반을 두기 때문이다. 인간은 귀로를 찾으면서 숲을 넘어서 바라볼 때 이론들의 영역을 들여다보면서 이 이론들을 숲에 맞춰 보려 한다. 이 이론들은 확립될 때는 의도가 없는 것으로 느껴졌지만 이러한 상황에서는 의도가 없지 않음이 밝혀진다. 이러한 상황은 이론들이 적용되는 장소이기 때문이다. 그래서 실용적으로 설명한다면, 따라서 물론 인간적인 면모를 축소한다면, 사라진 본능을 이론들이 대체한다고 말할 수도 있을 것이다. 따라서 귀로를 찾는 것은 이론들에 기반하고 이론들에 의지하므로 전형적으로 인간적인 걷기 방식이지만, 앞서 논의한 "순수하게 이론적인" 걷기 방식들만큼 근본적으로 인간적이지는 않다. 여기서 혼란스러운 점은, 근본적으로 인간적이지는 않은 이러한 상황이 대개 근본적으로 인간적인 상황을 정당화하기 위해, 말하자면 이른바 사람됨을 변명하기 위해 내세워진다는 것이다. 이 혼란은 이제 네 가지의 걷기 방식이 막대를 찾는 것으로 바뀌는 저 전환을 생각해 보면, 아마도 어느 정도 설명될 것이다.

이런 네 가지 걷기 방식을 숙고할 때 즉시 분명해지지만, 이러한 전환은 생각에 잠긴 상태에서 벗어날 때 가장 급격하게 일어나고, 귀로 찾기에서 발생할 때 가장 완만하게 일어난다. 그런 까닭에 네 가지 예시의 순서와 반대로 이런 전환을 서술하는 편이 바람직할 것이다.

귀로를 찾는 사람이 막대로 쓰기에 적당한 가지를 찾을 때 일어나는 일은 가령 이렇게 서술할 수 있다. 귀로를 찾는 사람은 주변을 둘러본다. 이를테면 지도를 통해 이론적으로 알고 있는 저 구조를 주위에서 재발견하기 위해서이다. 그 이론이 "옳다면" 재발견은 성공할 텐데, 그러면 귀로를 찾게 된다. 왜냐하면 이 경우에 그 사람은 자신의 주위는 물론 자신의 주위 바깥에 놓여 있고 자신이 경험하지는 못했지만 [자신의 주위와] 같은 구조로 포착되는 저 영역도 통찰하는데, 그가 찾는 집은 바로 그런 영역에 있기 때문이다. 따라서 그는 경험과 이론 사이에 다리를 놓고 이를 통해 귀로를 찾았다. 그렇다면 그가 실제로 집으로 돌아온다는 것은 이론을 입증하는 것인데, 이런 입증은 물론 그에게는 중요한 것이지만 이론 자체에게는 아무래도 좋은 것이다. 이 이론은 그보다 상위의 이론들에 기반하지, 그러한 입증에 기반하지 않기 때문이다. 미리 파악한 이론을 자신이 경험하는 주위에서 재발견하고자 시도하면서, 귀로를 찾는 자에게 두 가지 변화가 일어날 수 있는데, 이 둘은 기본적으로 서로 독립적이다. 첫째, 귀로를 찾는 사람은 주위가 자신을 규정한다는 것을 의식하게 된다. 주위는 귀로를 가로막는다는 의미에서 자신을 규정할 뿐 아니라, 예컨대 길이 비탈져서 주위가 그의 힘을 요구한다는 의미에서도 자신을 규정하는 것이다. 그러니까 치워야 할 장애물일 뿐만 아니라 목표를 달성하려면 통과해야 할 방해물로 주위를 의식하는 것이다. 이러한 경우를 일반화하면, "숲" 대신 "세계"라고, "집" 대신 "죽음"이라고 읽을 수 있다. 둘째, 귀로를 찾는 사람은 자신의 경험을 이론과 비교할 때 이론의 영역에서 "지도" 유형의 모델, 즉 인식 모델뿐만 아니라, "산책용 지팡이" 유형의 모델, 즉 행동 모델도 통찰한다. 인식 모델은 경험에 있어 방향을 설정하는 데 사용할 수 있는 이론이며, 행동 모델은 경험을 다루는 데 사용할 수 있는 이론이다. 이처럼 서로 독립적인 두 가지 변화가 일어난 후에 귀로를 찾는 사람이 이 두 가지 변화를 통합하려 하면, 숲을 보는 시선은 돌연 바뀐다. 이제 그는 숲속에서 어떤 인식 이론뿐만 아니라, 숲을 더 잘 뚫고 지나가기 위해 어떤 행동 모델, 즉 막대라는 행동 모델도 재발견하려 한다. 이제 실로 숲은 그 사람에게 예전과는 사뭇 다르게 나타난다. 다시 말해 경험을 통해 방해물로 주어지지만 행동 모델 덕분에 그것 자체에 맞서도록 돌려지는, 즉 "사용"될 수 있는 사물로 나타난다. 막대는 실로 숲의 한 조각이면서 숲에 맞서는 가지이다.

이것으로 숲의 이미지는 근본적으로 바뀌었다. 숲은 더 이상 뛰어넘어야 할 단순한 대상이 아니라 모델에 따라 변형시켜야 할 도전으로 나타난다. 그리하여 "주체-객체"라는 공허한 변증법은 "당위-존재"라는 창조적인 변증법으로 변했다. 앞으로 숲은 막대가 될 수 있고 또 그렇게 되어야 하는 가지로 가득할 테니 말이다. 이러한 변증법의 역학에 수반되는 것은, 숲을 도전으로 간주하는 이런 견해는 그 자신에만 의지할 순 없다는 것이다. 오히려 이런 견해는 숲에의 개입으로 이어지는데, 이런 개입을 통해 가시는 숲에서 뜯겨 나온다. 그리하여 가지는 모델에 의거하여 주머니칼에 의해 막대로 바뀌며, 이제 걷는 자의 손에 들린 채 숲에 맞서도록 돌려진다. 그런 식으로 숲의 한 조각은 숲의 영역으로부터 걷는 사람의 영역으로 이행했다. 이론은 실천으로 급전했다. 그리고 막대는 이 급전의 결과물, 즉 일반적으로 "작품"이라고 불리는 결과물이다.

이와 똑같은 급전이라도 숲을 즐기는 사람에게는 다른 색채로 나타난다. 여기서 언급할 것은, 노동의 변증법에 대한 마르크스주의의 분석이 기이하게도 일반적으로 "귀로 찾기" 유형의 사례에 국한되며, 그래서 이 변증법의 다양한 양상을 충분히 고찰하지 않는다는 점이다. 어떤 이는 귀로를 찾는 사람이 하듯 숲을 가로질러 통과하려는 것이 아니라, 오히려 그 반대로 숲 안으로 파고들어 스스로 숲이 되려 한다. 그도 역시 인간이어서 숲은 그런 사람에게 저항한다. 그것도 단순히 수동적인 저항이 아니라 능동적인 것으로 체험되는 저항이다. 즉, 숲은 인간을 들여보내지 않으려 제지하는 것이다. 인간이 자신을 숲에 개방하면 물론 숲도 마법처럼 자신을 인간에 개방하지만, 그래도 어떤 지점들에서는 숲이 자꾸만 거부한다는 점을 인정해야 한다. 몰두라는 방법의 본질은 분명 그러한 지점들에 대해 폭력을 행사하지 않고 그러한 지점들이 개방되기를 참을성 있게 희망하는 것이다. 이 방법은, 모든 폭력은 숲을 개방하는 것이 아니라 숲을 말살하고 따라서 인간의 희망마저 말살한다는 전제에서 출발하기 때문이다. 그렇지만 즐기는 사람이 별안간 가지 하나를 부러뜨려 막대로 사용하고는 스스로 놀라는 일이 벌어질 수도 있다. 여기서 "놀라다"라는 표현은 대단히 엄밀하게 받아들여야 한다. 그러니까 대략 다음과 같은 일이 일어난다.

인간은 막대로 무장한 채 숲길 한가운데 서 있는 자신을 문득 본다. 물론 그는 여기에서 드러나는 광경을 아무렇지도 않게 여기면서, 가령 이것이 어떤 자동적인 행동이어서 숲에 녹아들려는 자신의 노력과는 무관하다고 말할 수도 있다. 그렇지만 그가 진솔하다면 이 광경은 사뭇 다른 생각을 낳는다. 즉, 그는 자신에게 자신을 보는 능력, 즉 정말로 숲을 즐기려면 희생해야 할 성찰 능력이 있다는 것을 의식한다. 그러나 그뿐 아니라 그는 자신을 볼 때면 언제나 자신을 어떤 사회, 어떤 문화, 어떤 반자연의 일원으로 본다는 것도 의식한다. 다시 말해 이 사회가 자신에게 행동 모델들을 제공한다는 것, 이를테면 방금 그의 행동이 따른 막대 모델을 제공한다는 것도 의식한다. 그래서 그는 자신이 홀로 숲길에 있다고 생각하는 것은 오류임을 단박에 이해하게 된다. 타자들은 늘 그를 둘러싸고 있기에, 자신이 숲으로 가라앉는다면 이 타자들을 배반할 수밖에 없다. 행동 모델은 하나의 가치라고 할 수 있다. 그래서 그가 감정이입하듯 숲으로 가라앉는 데 성공한다면 그것은 모든 가치에 대한 배반임을 단박에 이해하게 된다.

가령 막대에 대한 배반이다. 따라서 그는 인간과 자연의 긴장을 해소하는 자신의 방법이 반문화일뿐더러 타자들에 대한 책임의 해체임을 이해하게 된다.

따라서 이러한 급전은 [귀로를 찾는 사람에게처럼] 이론에서 실천으로 전도하는 것이 아니라, 실천 덕분에 자신의 자아가 의식되는 것이다. 그러므로 여기서 막대는 이론과 실천의 의식적 변증법의 결과가 아니라 어떤 양심의 변증법을 유발하는 것이다. 물론 이것은 즐기는 사람이 막대를 통해 향유가 어떤 내적 긴장인지를 깨닫고 따라서 향유가 행동과 모순될 뿐 아니라 자기 자신과도 모순된다는 것을 깨닫기 때문이다. 그러므로 귀로를 찾는 사람은 그러한 전도 이후에는 오직 막대 때문에 더 이상 숲을 보지 못한다면, 즐기는 사람은 전도 이후에 막대 덕분에 비로소 숲을 본다고 말할 수 있다.

막대 찾기로의 전도는 숲을 살피며 숲길을 걷는 사람에게는 더욱 격렬한 과정이다. 숲을 살피는 사람은 찾는 사람이나 즐기는 사람보다 더욱 실천과 동떨어져 있기 때문이다. 그 이유는 그가 기본적으로 이론을 순수한 관조로 의식하고, 이론을 주체와 객체 변증법 극복의 목표로 선택한 사람이기 때문이다. 그런 까닭에 그의 걷기는 예를 들어 다음과 같이 서술할 수 있다. 그는 숲을 살피면서 그것을 어떤 조직으로 보는데, 이때 그것의 개개 부분들은 이 조직의 관점에서만 이해할 수 있다. 다른 한편으로 그는 숲을 오직 그것의 개개 부분들의 관점에서만 포착할 수 있는 어떤 조직으로 보기도 한다. 그러므로 우리가 숲을 이해하려면 숲에 대한 관점이 최소한 세 가지 필요하다. 첫 번째는 피상적 관점이다. 숲이 전체로 나타나는 이 관점은 숲길을 들어설 때 취하게 된다. 두 번째는 근본적 관점이다. 숲을 그 구성 요소들로 분석하는 이 관점은, 숲길을 걸음짐작하듯이 걸어갈수록 숲을 점점 깊이 통찰하게 한다. 마지막으로 세 번째는 개괄적 관점이다. 숲을 떠난 후 취하는 이 관점에서는 [분석을 통해] 따로따로 떼어 놓은 것들이 다시 조직으로 종합된다. 이제 이해할 수 있는 조직으로 종합되는 것이다. 하지만 숲에 대해 이 마지막 관점을 취하면, 우리는 이제 저기 밖에 있는 숲이 아니라 우리가 내면으로 거두어들이고 그래서 이제 더는 낯설지 않은 숲을 보는 것이다. 이 세 번째 관점에서는 숲을 인식했다고 주장할 수 있다. 그러므로 숲을 살피며 걷는 일은 객체를 주체 내부로 들이는 것이며, 그런 의미에서 숲의 현실화이다. 인식된 숲이야말로 개념적으로 파악될 수 있고 따라서 현실적이기 때문이다. 이 대목에서 말하는 것은 물론 한낱 사변이나 "변증법적 관념론"으로 간주될 수도 있다. 그렇지만 걸으며 숲을 살피는 사람은 전혀 사변적이지 않고 실로 이것을 당연하게 받아들일 것이다. 예컨대, 그는 이끼 사이에서 버섯을 발견하고 그 모양을 살피며 이끼, 나무뿌리, 곤충, 토양 등과 연결한다. 그리고 버섯에 대한 이끼의 기능, 이끼에 대한 버섯의 기능, 그리고 나무뿌리에 대한 이끼와 버섯의 기능을 포착하기 시작하면서 이처럼 숨겨진 숲의 모든 양상을 비로소 현실화했다고 확신한다. 발견되지 않고 알려지지 않고 한 번도 보이지 않은 버섯에 대해 "현실적"이라고 주장할 수는 없기 때문이다. 이렇게 주장한다면 이는 아무도 모르는 사물이 있다고 주장하는 것이며, 나아가 아무도 모르는 사물을 안다고 말하는 것이다.

그러나 걷는 이는 살핌의 이 세련된 자명함으로부터 난폭하게 뜯겨져 나올 수 있다. "내가 도대체 어떻게 이 버섯을 찾고 이 버섯에 이르게 됐을까?"라는 질문 때문이다. 이에 대한 대답은 일견 무해한 듯하지만 사실 전복적이다. "가지를 가지고"라는 대답이 그것이다. 이런 목적으로 가지를 부러뜨려서 마치 막대처럼 땅을 긁는 데 사용한 것이다. 이 대답이 전복적인 이유는 여러 가지인데, 여기서는 몇 가지만 간략히 언급하려 한다. 이유의 예를 하나 들면, 그 대답은 관찰이 관찰되는 것을 변화시켰음을, 즉 여기서는 긁힌 땅을 변화시켰음을 보이기 때문이다. 따라서 관찰은 수동성이 아니라 행위, 즉 주체가 객체에 개입하는 행위임을 보이기 때문이다. 다른 예를 들면, 그 대답은 버섯의 관찰에 필요한 행위 형태를 각인하는 것은 관찰자가 아니라 버섯임을 보이기 때문이다. 비록 이 행위를 수행하는 것은 관찰자이지만 말이다. 가령 땅을 긁는 것으로는 지저귀는 새를 관찰할 수 없기 때문이다. 세 번째 예를 들면, 그 대답은 관찰의 도구, 즉 가지는 관찰되는 것의 한 부분, 즉 숲의 한 부분, 그것도 합목적적으로 사용되는 부분임을 보이며, 따라서 숲은 인식되기 전에는 비현실적이라는 주장을 완벽하게 부인하기 때문이다. 막대는 버섯들을 발견하므로 현실적인 것이다. 물론 막대는 가지로 인식되는 것이 아니라 사용되는 것이지만. 네 번째 예를 들면, 그 대답은 손, 눈, 몸, 그러니까 결국 관찰자는 관찰하는 동안 근본적으로 막대와 구분되지 않아서, 그 모든 것이 숲의 부분들이라고 할 수 있음을 보이기 때문이다. 인식되지 않지만 사용되는, 숲을 인식하는 부분들. 관찰에 관한 질문에 대해 막대로 대답하는 것이 전복적인 이유는 이들 말고도 엄청나게 많이 들 수 있을 것이다. 물론 이런 이유들을 "헤겔을 마르크스주의적으로 바로 세움"[36]이라고 요약할 수도 있지만, 그것이 본질적인 점을 적중하는 것은 아니다.

왜냐하면 본질적인 점은, 살피는 사람의 숲을 향한 시선이 이런 대답이 주는 압박 아래에서 혁명적으로 변모한다

---

36 마르크스가 헤겔 철학이 "물구나무 서 있다"고 한 말을 빗댄 표현이다. 앞서, 숲을 살핌으로써 숲이 현실화된다는 말이 사변이나 변증법적 관념론일 수도 있다면서 헤겔을 암시했는데, 이 대목에서는 가지를 실천적으로 사용함으로써 이러한 관념론의 '전복'이 일어난다고 볼 수도 있는 것이다.

는 것이기 때문이다. 이제 그는 숲을 인식되어야 할 객체로 볼 수 없다. 사용되고 가치 부여되는 객체, 즉 인식될 수 있으려면 가공되어야 할 객체로 숲을 보아야 한다. 다시 말해서, 이제 상호작용하면서 기능하는 부분들로 이루어진 조직으로 보는 것이 아니라, 가능한 막대들의 조직으로 보아야 한다. 이 가능한 막대들은 사용되어야 비로소 현실적인 막대가 된다. 그러므로 현실화는 인식이 아니라 노동이며, 숲속에서 살피며 걷기는 낯설어짐을 극복하는 것이 아니라 낯설어짐으로 몰락하는 것이다. 그렇다. 숲속에서 살피며 걷기는 원래 생각했던 의미대로는 절대로 불가능하다. 즉, 막대 없이 그렇게 걷기란 존재하지 않는 것이다. 달리 말해, 숲 관찰에서 막대 찾기로의 전도는 격렬하다. 이런 전도가 걷는 사람의 인생관 전체를 뒤엎는 데다 그가 걸어가는 숲을 거꾸로 뒤집기 때문이다.

한편, 생각에 잠겨 숲길을 걷는 이는, 즉 시선을 내면으로 돌린 채 걷는 이는 걷는 동안 숲을 홀대한다. 숲속 걷기는 생각에 잠기는 그 나름의 방법인데, 이미 그 방법으로 목표에 이르렀으므로 그 방법은 홀대받을 수 있다. 그에게 있어 숲은 더 이상 존재하지 않고, 그는 전혀 다른 영역에 있다. 원래 자연에 의해 규정되던 그는 이를 극복하고 자기 자신에 이르렀다. 즉 자신이 자유로운 그곳에 이르렀다. 그는 자신이 빠져 있는 사유 속에서, 가장 숭고한 의미에서 인간이다. 그 의미는 덧없는 것, 즉 그의 사람됨 탓에 그를 짓누르던 것을 뒤로하고, 이제 영속적인 것, 즉 그의 사람됨을 입증하는 것으로 들어섰다는 것이다. 현재 그 안에 살고 있는 이 사유, 그것도 더욱 강렬하게 인식하고 느끼고 선택하고 창조하므로 그 어느 곳에서보다 강렬하게 살고 있는 이 사유에서 그는 내면의 시선을 통해 완벽한 모델들을 본다. 예컨대 완벽한 연인, 완벽한 인간, 완벽한 사회, 완벽한 시, 완벽한 행복, 완벽한 삶을 본다. 또 다른 예로, 완벽한 숲, 완벽한 막대, 완벽한 숲길 걷기를 또한 본다. 그래서 생각에 잠겨 걷는 사람은 내면의 시선으로, 시선을 외부에 두는 사람보다도 만물을 훨씬 잘 본다. 이렇게 말해도 좋다면, 그러한 걷기는 플라톤적이다. 하지만 그렇다면 우리 모두에게 일종의 플라톤주의자가 깃들어 있음을 인정해야 한다. 우리 모두는 이러한 걷기를 진정한 "자아에 이르기"로 체험하기 때문이다.

그러나 급작스레, 그것도 필연적으로 우리는 언젠가는 사유에서 떼어내어진다. 어떤 외부의 힘이 작용하여 장갑을 뒤집듯이 그 사람을 뒤집어서, 가장 내적인 것을 가장 외적인 것으로, 가장 외적인 것을 가장 내적인 것으로 변화시키는 일이 정말로 일어난다. 그러니까 사유에 있어서 가장 현실적인 것으로 나타나던 것이 이제 공허한 형상으로 나타나고, 사유에 있어서 공허한 미혹으로 나타나던 것은 이제 실재의 가혹한 주어짐으로 나타난다. 그뿐 아니라, 사유에 있어서 가치로, 예를 들어 선한 것으로 나타나던 것은 이제 비非가치로, 예를 들어 선에 대한 배반으로 나타난다. 또한 사유에서 비가치로, 예를 들어 혼란스러운 의견으로 나타나던 것은 이제 가치로, 예를 들어 진실을 위한 참여로 나타난다. 이런 뒤집힘은 우리가 다루는 사례에서는 생각에 잠긴 사람이 가지에 머리를 부딪힐 때 일어난다. 이렇게 말해도 좋다면, 이런 뒤집힘은 플라톤에서 니체로의 전환이라고 부를 수 있다. 하지만 그렇다면 우리 모두 이런 전환을 함께하며 늘 이미 이런 전환을 함께해 왔음을 인정해야 한다. 니체 이전에도, 그리고 십중팔구는 이미 플라톤 이전에도.

자신 안에 잠겼던 이가 가지에 머리를 부딪혀 생각으로부터 다시 떠오른다면(그는 이제 '자신에게 돌아왔다/제정신이 들었다'고 말할 것이다), 가지를 옆으로 뜯어낸다. 그리고 막대가 된 그것을 자신으로부터 멀리, 지금까지 홀대해온 영역[숲]으로 던져버린다. 그러나 동시에 그는 그 영역 전체가 막대로 바뀌는 것도 아니고 던져버릴 수 있는 것도 아님을 안다. 짜증나는 일이지만 이 영역은 거기 있기 때문이다. 그리고 자신이 생각에 잠겼을 때 한 일이라고는 스스로 자기 눈앞에서 사라지기 위해 그 자신을 막대처럼 그 영역으로 내던져 버린 것뿐임을 깨닫는다. 그렇게 하여 그의 내부에는 분열이 생겨났다. 그 분열은 대략 다음과 같이 서술할 수 있을 것이다. 그는 한편으로 자신을 내던져 버려야만 자신에게 돌아올 수 있음을 안다. 그러나 다른 한편으로 자신을 찾아내야만 자신에게 돌아올 수 있다는 것을 안다. 그것도 막대로서의 자신을 내던지고 가지로서의 자신을 찾아내야 한다. 그리고 현재 시선을 두고 있는 저기 숲에서도 동일한 분열을 발견한다. 그는 한편으로는 자기 자신을 들여다보고 저기 바깥은 도외시해야만 숲을 볼 수 있음을 안다. 다른 한편으로는 오로지 저 밖의 숲을 보았기 때문에 이처럼 자기 자신 안에서 통찰한 숲을 볼 수 있음을 안다. 또한 저 외부의 숲이 그저 미혹, 즉 현실화되지 않은 막대들일 뿐임도 알지만, 다른 한편 저 내부의 숲은 오직 무無로만, 즉 가지가 되려 하지 않는 막대들로만 이루어짐을 안다. 따라서 막대는 그를 생각에서 떼어낸다. 아무것도 아닌 것에서 떼어내어 아무것도 아닌 것으로 밀어 넣고, 하나의 허무주의에서 떼어내어 다른 허무주의로 밀어 넣는다. 그는 어쩌면 "절망"[37]이라 불리는 이 이중의 분열[자신의 분열과 숲의 분열] 속에서 무와 무 사이에 다리를 놓을 수 있을지도 모른다. 즉, 막대로 사용될 수 있는 가지들을 찾을 수 있을지도 모른다. 막대는 무가 아니라면 대체 무엇이겠는가? 가지의 무, 그리고 막대여야 하는 가지의 무. 이것은

37 여기에서는 '절망'을 뜻하는 Verzweiflung을 둘zwei로의 분열이라는 의미로 쓰고 있다.

이중의 부정이다.

그렇다면 막대란 무엇인가? 앞서 막대의 네 가지 존재 유형을 서술했는데, 이것을 다음과 같이 정의할 수 있다. 막대는 이론을 실천에 적용할 때 생겨나는 작품이다. 막대는 우리가 이 세계에서 혼자가 아니며, 타자에 대한 책임이 있다는 증거이다. 막대는 우리가 생각할 수 있고 살 수 있게 해주는 도구, 그러므로 근본 조건이다. 막대는 사람됨의 부조리에 맞서 싸우려는 부조리한 시도이다. 결국 막대는 예컨대 여기 네 가지 유형에서 보는 것처럼, 그것을 보는 방식에 따라 존재한다.

막대를 찾고자 하는 것은 인간적이다. 그렇지만 이미 더는 완벽히 인간적이지 않다. 막대를 찾고자 하는 것은 인간이 단지 인간이 아님을 인간적으로 인정하는 것이다. 그것이 막대에서 본질적인 점이다.

비사물 I

Das Unding I

우리의 환경은 얼마 전까지만 해도 사물들로 이루어져 있었다. 집과 가구, 기계와 탈것, 옷과 빨랫감, 책과 그림, 통조림과 담배 같은 사물들. 그 당시 우리의 환경에는 사람들도 있었지만 과학은 이들을 최대한 객관화했다. 그래서 사람들은 나머지 모든 사물과 마찬가지로 측정할 수 있고 계산할 수 있고 조작할 수 있게 되었다. 간단히 말해, 환경은 우리 현존의 조건이었다. 그 환경 내에서 방향을 설정한다는 것은 자연적 사물을 인공적 사물과 구별하는 것이었다. 쉬운 일은 아니다. 우리 집 외벽에 붙어 있는 이 담쟁이덩굴은 자연적 사물인가? 자라나니까, 또 식물학이라는 자연과학에서 다루니까? 아니면, 우리 집 정원사가 어떤 미적 모델에 따라 심은 것이므로 인공적 사물인가? 또한, 집을 설계하고 짓는 것은 어떤 기예이므로 우리 집은 인공적 사물인가? 아니면, 인간이 집에 거주하는 것은 새가 둥지에 거주하는 것과 마찬가지로 자연적인가? 사물들로 이루어진 환경에서의 방향 설정이 문제일 때 이처럼 자연과 문화를 구별하려는 것이 과연 여전히 의미가 있는가? 이와 다른 "존재론적" 기준들을 활용해야 하지 않을까? 가령 움직이지 않는 사물과 움직이는 사물, 혹은 부동산과 가구를 나눠야 하는 것은 아닌가?[38] 그러나 여기에도 어려움이 생긴다. 국가는 외견상 움직이지 않는 사물이지만, 폴란드는 서쪽으로 움직였다. 침대는 외견상 [움직이는] 가구이지만, 나의 침대는 폴란드보다 덜 움직였다. 어떤 기준("생명이 있는-생명이 없는", "나의-너의", "유용한-무용한", "가까운-먼")으로 목록을 작성하든 간에 사물들로 이루어진 환경의 목록은 모두 부정확하고 틈이 있기 마련이다. 사물에 대해 훤히 안다는 것은 쉬운 일이 아니다.

하지만 이제 와서 돌이켜보면, 사물들로 이루어진 환경에서 사는 것은 오히려 안락했다. 세련된 표현으로 말하자면, 인식론적 어려움은 있었으나 살기 위해 무엇을 해야 하는지는 개략적으로 알고 있었다. "삶"은 죽음을 향해 간다는 것이다. 우리는 그 길 위에서 길을 막는 사물들을 맞닥뜨린

38 독일어에서 Immobilien(부동산)과 Möbel(가구)은 모두 라틴어 mobilis(움직이는)에서 파생되어, 전자는 움직이지 않는 것, 후자는 움직이는 것을 함의한다.

다. 그런고로 "문제"라 불리는 이런 사물들을 그 길에서 치워야 했다. 당시에는 "삶"이란 죽기 위해서 문제들을 해결하는 것이었다. 그리고 이 문제들을 해결하는 방식은 두 가지였다. 완강한 사물을 온순한 사물로 변화시키거나("생산"이라고 부른다), 그런 사물을 건너뛰는 것("진보"라고 부른다)이다. 그러다가 결국 변화시킬 수도 없고 건너뛸 수도 없는 문제들에 맞닥뜨렸다. 우리는 그런 문제들을 "궁극적 사물"이라고 불렀고, 그것 때문에 죽음을 맞았다. 이는 사물들 가운데서 사는 삶의 역설이었다. 그러니까 우리는 죽음으로 가는 길을 열기 위해서, 흔히 말하듯이 "조건들에서 풀려나기 위하여" 문제들을 해결해야 한다고 믿었고, 바로 어떤 해결되지 않는 문제들 때문에 죽음을 맞았다. 물론 그리 유쾌하게 들리지는 않지만, 기본적으로 위안이 된다. 삶에서 의지해야 할 것이 무엇인지를 알기 때문이다. 즉 사물에 의지해야 한다는 것을 알기 때문이다.

불행하게도 이제 상황이 달라졌다. 현재는 사방에서 비사물들이 우리 환경으로 밀려들어 사물들을 몰아낸다. 우리는 이런 비사물을 "정보"라고 부른다. 이 말을 "터무니없다"고 치부하고 싶을지도 모른다. 정보는 항상 존재했고, "정보In-formation"라는 단어의 의미와 같이 이것은 사물 "내의 형상Formen in"이다. 정보는 모든 사물에 들어 있는데, 책, 그림,

통조림, 담배에도 들어 있다. 정보를 알아내려면 그저 사물을 읽고 해독하면 된다. 늘 그래왔고 여기에 새로운 것은 없다는 것이다.

그러나 이러한 항변은 공허하다. 현재 우리의 환경으로 밀려들어 그 안에 있는 사물들을 몰아내는 정보들은 이전에는 전연 존재하지 않았던 유형의 정보이다. 그것은 비사물적 정보이다. 텔레비전 화면의 전자 이미지, 컴퓨터에 저장된 데이터, 온갖 필름과 마이크로필름, 홀로그램 및 프로그램은 너무 "부드러워서"(소프트웨어) 아무리 손으로 붙잡으려 해도 붙잡을 수 없다. 그러니 이 비사물들은 엄밀한 의미에서 "파악할 수 없다/붙잡을 수 없다". 그저 디코딩할 수 있을 뿐이다. 물론 종래의 정보처럼 이들도 사물들에, 즉 브라운관, 셀룰로이드, 칩, 레이저 광선에 기입되는 것 같기도 하다. 그러나 이것은 "존재론적"으로는 맞지만 "실존적"으로는 미혹일 따름이다. 새로운 유형의 정보를 담는 물질적인 토대는 실존적으로는 홀대할 만하다. 이것은 하드웨어는 차츰 저렴해지고 소프트웨어는 차츰 비싸지는 것으로 증명된다. 이런 비사물에 여전히 사물성이 들러붙어 있더라도, 새로운 환경을 고찰하는 데 있어 이러한 찌꺼기는 괄호 칠 수 있다. 환경은 계속 더 부드러워지고 안개 같아지고 유령 같아진다. 그래서 환경 속에서 방향을 설정하려면 그 환경의 유령 같은 특성에서 출발해야 한다.

그렇지만 우리의 환경이 지닌 이러한 새로운 특성은 굳이 자각할 필요조차 없다. 그 특성은 우리 모두에 고루고루 스며들어 있기 때문이다. 우리의 실존적 관심은 완연히 사물에서 정보로 옮아간다. 우리의 관심은 점점 사물을 소유하는 데에서 정보를 소비하는 데로 옮겨간다. 더 많은 가구나 옷보다는 휴가 여행, 자녀가 다닐 좋은 학교, 동네의 음악 축제를 원하는 것이다. 사물들은 우리의 관심 범위의 뒷전으로 밀려나기 시작한다. 동시에 사회에서 정보 생산, "서비스", 관리, 프로그래밍에 종사하는 부분은 점점 커지고, 사물 생산에 종사하는 부분은 점점 작아진다. 프롤레타리아라는 사물 생산자들은 소수가 되고 간부와 관료라는 비사물 생산자들은 다수가 된다. 시민적인 사물 도덕, 즉 사물의 생산, 저장, 소비는 새로운 도덕에 자리를 내어준다. 비사물적이 된 환경에서의 삶은 새로운 색채를 띠게 된다.

변혁에 대한 이런 묘사는 비사물의 침입에 따라 쓸데없는 허섭스레기들도 넘쳐나게 되는 것을 고려하지 않는다고 비난할 수도 있다. 그러나 이 비난은 부적절하다. 쓸데없는 허섭스레기들은 바로 사물의 몰락을 입증하기 때문이다. 지금 일어나고 있는 것은 우리가 자동판매기에 정보를 제공하여 그러한 쓸데없는 허섭스레기들을 가장 싼값에 대량으로 토해내도록 만드는 일이다. 이 일회용 허섭스레기들, 이 라이터, 면도기, 만년필, 페트병은 진정한 사물이 아니다. 우리는 이런 것에 의지할 수 없다. 그리고 우리가 점점 능숙하게 자동판매기에 정보를 제공하는 법을 배우게 될수록 집과 그림을 포함하여 온갖 사물은 그와 같은 허섭스레기로 변할 것이다. 모든 사물은 무가치해지고 모든 가치는 정보 안으로 옮아갈 것이다. "모든 가치의 전도". 아울러 이는 새로운 제국주의의 정의定意이기도 하다. 인류는 정보를 소유하는 집단에게 지배될 것이다. 원자력발전소 건설과 핵무기 생산, 항공기 및 자동차 제작, 유전자 조작 및 행정 기구 운영과 관련한 정보 말이다. 저 집단은 지배당하는 인류에게 이런 정보를 아주 비싼 값에 팔아넘긴다.

우리 눈앞에서 진행 중인 일, 즉 사물들이 관심의 지평선을 향해 밀려나고 관심이 정보에 들러붙는 일은 역사상 전례가 없는 일이다. 그래서 불편하다. 이처럼 전례가 없음에도 불구하고 우리가 그 안에서 방향을 설정하고자 한다면, 비슷한 사례를 찾아보아야 한다. 그렇지 않다면 이처럼 비사물적인 환경에서 살아가는 방법을 도무지 어떻게 떠올리겠는가? 사물이 아닌 정보, 상징, 코드, 시스템, 모델에 종사할 인간은 도대체 어떤 유의 인간이 될 것인가? 여기 비슷한 사례가 있다. 바로 1차 산업혁명이다. 그 당시 관심은 생명이 있는 자연, 즉 소와 말, 농부와 수공업자로부터 사물들로, 즉 기계와 기계 산물, 노동하는 대중과 자본으로 옮아갔고, 이로 인해 최근까지 이어진 "근대적" 환경이 태동했다. 그 당시에 마땅히 주장할 수 있었던 것은, 1750년의 농부는 1780년의 프롤레타리아인 자기 아들보다 기원전 1750년의 농부와 더 가깝다는 것이다. 오늘날에도 비슷한 말을 할 수 있다. 우리는 우리의 아이보다, 그러니까 전자 기기를 가지고 노는 저 아이보다 프랑스혁명 시기의 노동자나 시민과 더 가깝다. 물론 이러한 유사 사례가 있다고 해서 현재의 변혁이 그렇게 유쾌하게 느껴지지는 않겠지만, 이 문제를 다루는 데 도움이 될 수는 있다.

그러고 나면 우리는 삶에서 사물들에 의지하려는 노력이, 가령 우리가 흔히 믿듯 유일하고 이성적인 생활양식이 아니며, 우리의 이 "객관성"이 상대적으로 새로운 것임을 깨달을 것이다. 우리는 지금과 다르게 살 수도 있음을, 어쩌면 심지어 지금보다 더 낫게 살 수도 있음을 깨달을 것이다. 덧붙여 말하자면, "근대적" 삶, 즉 사물들 사이에서 사는 삶은 우리의 선조들이 예상한 만큼 그렇게 굉장히 멋지지는 않다. 제3세계의 수많은 비시구 사회들은 이런 삶을 부인할 이유가 충분한 듯하다. 따라서 우리의 아이들마저 이런 삶을 부인하기 시작할지라도 꼭 절망할 필요는 없다. 그렇기는커녕 우리는 비사물들과 더불어 사는 이 새로운 삶을 상상하려 시도해야 한다.

인정하건대, 손쉬운 일은 아니다. 저기 우리 주위에서 그리고 우리 자신의 내면에서 태어나는 이 새로운 인간은 본래 손이 없다. 그래서 그는 이제 사물을 다루지 않으며 그런 까닭에 이제 행위한다고도 할 수 없다.[39] 실천한다고도, 노동한다고도 할 수 없다. 그의 손에서 남은 것은 손가락 끝뿐이다. 상징을 가지고 놀기 위해서 키를 누르는 손가락 끝. 새로운 인간은 이제 행위하는 사람이 아니라 유희하는 사람, 즉 "호모 파베르homo faber"가 아니라 "호모 루덴스homo ludens"이다. 그에게 삶은 이제 드라마가 아니라 구경거리이다. 삶은 이제 행위가 아니라 센세이션으로 이루어져 있다. 새로운 인간은 행동하거나 소유하는 것이 아니라 체험하려 한다. 그는 경험하고 인식하며 무엇보다도 즐기려 한다. 그는 사물들에 관심이 없으므로 문제도 없다. 그 대신 프로그램이 있다. 그렇지만 그도 역시 인간이기에 죽음을 맞을 것이고, 그 사실을 안다. 우리는 해결되지 않는 문제들 같은 사물 때문에 죽음을 맞지만, 그는 잘못된 프로그램들 같은 비사물 때문에 죽음을 맞는다. 이러한 숙고를 통해 우리는 그에게 다가갈 수 있다. 우리 환경 속에 비사물이 침입하는 것은 급진적인 변혁이다. 그러나 그렇다고 해도 죽음으로 향하는 존재라는, 실존의 근

39 독일어에서 behandeln(다루다)이나 handeln(행위하다)은 Hand(손)에서 파생된 말이다.

본 정조는 변하지 않을 것이다. 죽음이 어떤 궁극적인 사물로 간주되건, 아니면 비사물로 간주되건 간에.

비사물 II

Das Unding II

인간은 인간이 된 이래로 자신의 환경을 다루어 왔다. 세계 속에서 인간 현존의 특성은 손인데, 여기에는 다른 손가락들을 마주 보는 엄지손가락이 있다. 이처럼 인간 유기체에 특유한 손은 사물을 쥔다. 이 손은 세계를 사물로서 쥔다. 쥐는 것만이 아니다. 손에 쥔 사물을 이리 가져와서 변형시킨다. 손은 자신이 쥔 사물에 정보를 제공한다/형상을 각인한다. 그래서 인간을 둘러싸고 두 세계가 생겨난다. 하나는 "자연"의 세계, 즉 눈앞에 있고 쥐어야 하는 사물의 세계이다. 나머지 하나는 "문화"의 세계, 즉 손안에 있으면서 정보를 제공받는 사물의 세계이다.[40] 최근까지만 해도 인류 역사는 손을 통해 자연이 문화로 진보적으로 변화되는 과정으로 생각되었다. 오

40 "눈앞에 있다"(vorhanden sein)와 "손안에 있다"(zuhanden sein)는 각각 존재자의 객관성과 도구성을 뜻하는 하이데거의 개념이다.

늘날에는 이런 생각, 이런 "진보에 대한 믿음"은 버려야 한다. 왜냐하면 손이 정보를 제공받는 사물들을 가만히 두는 것이 아니라 계속해서 이리저리 휘두르며, 따라서 이 사물들이 담고 있는 정보가 닳아 없어진다는 사실이 점점 분명해지기 때문이다. 손은 문화를 소비해서 폐물로 변화시킨다. 따라서 인간을 둘러싸는 것은 두 개의 세계가 아니라 세 개의 세계이다. 자연의 세계, 문화의 세계, 그리고 폐물의 세계. 이 폐물은 점점 더 흥미로워진다. 그래서 생태학, 고고학, 어원학, 정신분석학과 같은 수많은 학문 분야가 폐물을 다룬다. 그리고 이를 통해 폐물이 자연으로 되돌아간다는 것이 밝혀졌다. 그러므로 인간의 역사는 자연에서 문화로 나아가는 직선이 아니라, 자연에서 문화로, 문화에서 폐물로, 폐물에서 자연으로 계속 도는 원이다. 악순환.

우리가 이 순환에서 빠져나오려면 소비할 수 없고 "잊어버릴 수 없는" 정보들, 손이 휘두르지 못할 정보들이 있어야 한다. 하지만 손은 모든 사물을 휘두르며 모든 것을 쥐려 한다. 그러므로 소비할 수 없는 정보는 사물 속에 보존해서는 안 된다. 비사물적인 문화를 생산해야 한다. 이것이 성공한다면, 더 이상 망각이 없다면, 인류 역사는 참으로 직선의 진보가 될 터이다. 계속 증가하는 기억이 될 터이다. 우리는 지금 그런 비사물적인 문화를, 그런 점증하는 기억을 생산하려는 시도를 목도하고 있다. 그에 대한 좋은 예시는 컴퓨터 메모리[기억]이다.

컴퓨터 메모리는 비사물이다. 전자 이미지와 홀로그램 역시 비사물이다. 이것들은 완전히 비사물이다. 손으로 붙잡을 수 없기 때문이다. 이것들은 소비해버릴 수 없는 정보이기에 비사물이다. 물론 이 비사물들은 실리콘 칩, 음극관, 레이저 광선 같은 사물에 잠정적으로 구속되어 있다. 하지만 헤르만 헤세의 《유리알 유희》나 그와 비슷한 미래 담론들은, 비사물이 사물로부터 자유로워지는 것, 즉 소프트웨어가 하드웨어로부터 자유로워지는 것을, 적어도 상상할 수 있게 한다. 그렇다고 해도 미래 담론의 공상에 잠길 필요는 없다. 비사물성의 증가와 문화의 부드러움[소프트함]은 이제 이미 날마다의 체험이기 때문이다. 우리를 둘러싼 사물들은 점점 수축되고("미니어처화") 저렴해지며, 우리를 둘러싼 비사물들은 점점 팽창한다("정보학"). 비사물들은 무상하면서도 동시에 영원하다. 이들은 눈앞에 있지 않지만 손안에 있다. 이들은 잊히지 않는다.

그러한 상황에서 손은 탐색할 것도 없고 창조할 것도 없다. 그 상황은 붙잡을 수 없기에, 거기에는 쥘 것도 없고 다룰 것도 없다. 손은, 즉 쥐면서 만드는 행동은 거기에서 잉여가 되었다. 거기에 아직도 쥘 것이나 만들 것이 있다면 그것은 비사물에 의해, 즉 프로그램, "인공지능", 로봇화된 기계에 의해 자동적으로 수행된다. 그러한 상황에서 인간은 쥐고 만드는 노동으로부터 해방되어 실업자가 된다. 현재의 실업은 "경기景氣에 따른 현상"이 아니라, 비사물적 상황에서 노동이 잉여가 되는 징후이다.

잉여가 되어버린 손은 퇴화할 수도 있다. 그러나 반대로, 손가락 끝은 그렇지 않다. 오히려 가장 중요한 기관이 된다. 비사물적 상황에서는 비사물적 정보의 생산과 향유가 중요하기 때문이다. 정보 생산은 상징들로 하는 순열 [즉 상징들의 순서를 이렇게 혹은 저렇게 배열하는] 게임이다. 정보 향유는 상징들을 바라보는 것이다. 비사물적 상황에서는 상징들로 게임을 하는 것 즉 프로그래밍하는 것과, 상징들을 응시하는 것 즉 프로그램을 향유하는 것이 중요하다. 그리고 상징들로 게임을 하려면, 즉 프로그래밍을 하려면 키[자판, 건반, 버튼, 셔터 등]를 눌러야 한다. 상징들을 응시하려 해도, 즉 프로그램을 향유하려 해도 그렇게 해야 한다. 키는 상징들의 순열을 만드는 장치이자 상징들을 가시적으로 만드는 장치이다. 피아노와 타자기를 보라. 키를 누르려면 손가락 끝이 필요하다. 비사물적인 미래의 인간은 손가락 끝 덕분에 현존할 것이다.

그러므로 키를 누를 때는 어떤 일이 실존적으로 일어

나는지 물어야 한다. 내가 타자기 자판, 피아노 건반, 텔레비전 버튼, 전화기 버튼을 누를 때 어떤 일이 일어나는지, 미국 대통령이 빨간 버튼을 누르거나 사진작가가 셔터를 누를 때 어떤 일이 일어나는지. 나는 키를 선택하고 키를 결정한다. 나는 타자기의 특정 문자, 피아노의 특정 음, 텔레비전의 특정 프로그램, 특정 전화번호를 결정한다. 대통령은 전쟁을 결정하고 사진작가는 촬영을 결정한다. 손가락 끝은 선택과 결정의 기관이다. 노동에서 해방된 인간은 선택하고 결정할 수 있다. 실업이 만연하는 비사물적 상황은 인간에게 선택의 자유와 결정의 자유를 준다.

하지만 손이 없는 이 손가락 끝의 자유는 불편하다. 내가 나의 관자놀이에 권총을 겨눈 채 공이치기를 뒤로 당긴다면, 나는 자살을 결정한 것이다. 일견 가장 커다란 자유이다. 공이를 격발함으로써 온갖 곤경에서 벗어날 수 있기 때문이다. 그러나 나는 공이를 격발함으로써 실은 권총에 미리 프로그래밍된 어떤 과정을 촉발하는 것이다. 나는 결코 "자유롭게" 결정한 것이 아니라 권총 프로그램의 한계 내에서 결정하는 것이다. 그리고 타자기 프로그램, 피아노 프로그램, 텔레비전 프로그램, 전화기 프로그램, 미국 행정부 프로그램, 카메라 프로그램의 한계 내에서 결정하는 것이다. 손가락 끝으로 누를 때 결정의 자유는 프로그래밍된 자유로 판명된다. 즉, 규정된 가능성들 중에서의 선택으로 판명된다. 나는 규정에 따라 선택한다.

그에 따라 비사물적인 미래의 사회는 두 계급으로 나뉠 것처럼 보인다. 즉, 프로그래밍하는 사람들의 계급과 프로그래밍되는 사람들의 계급으로, 프로그램을 만들어 내는 사람들의 계급과 프로그램에 맞춰 행동하는 사람들의 계급으로, 꼭두각시를 조종하는 사람들의 계급과 꼭두각시들의 계급으로. 이것도 너무 낙관적으로 보는 것이다. 프로그래밍하는 사람들이 상징들로 유희하고 정보를 생산하기 위해 키를 누를 때 하는 일도, 프로그래밍되는 사람들과 똑같이 손가락 끝을 움직이는 일이기 때문이다. 그들도 어떤 프로그램 내에서 결정하는데, 이 프로그램은 "메타프로그램"이라고 할 수 있다. 그리고 메타프로그램으로 유희하는 사람들도 또한 "메타메타프로그램"의 메타 키를 누른다. 또한 메타로부터 메타로의 이 소급, 프로그래머의 프로그래머의 프로그래머로의 이 소급은 무한함이 드러난다. 아니다. 비사물적인 미래의 사회는 계급이 없고, 프로그래밍하면서 프로그래밍되는 사람들의 사회일 것이다. 따라서 이야말로 노동으로부터의 해방이 우리에게 열어놓는 결정의 자유이다. 프로그래밍된 전체주의이다.

그렇긴 하지만 매우 흡족한 전체주의이다. 프로그램들은 완연히 개선되기 때문이다. 즉, 프로그램들은 선택할 수 있는 가능성들을 천문학적으로 많이 포함한다. 인간의 결정 능력을 초과할 정도로 많이. 그래서 나는 결정을 내릴 때, 키를 누를 때 결코 프로그램의 한계에 부딪히지 않는다. 사용할 수 있는 키는 하도 많아서 나의 손가락 끝은 절대로 모든 키를 건드릴 수 없다. 그러므로 나는 완전히 자유롭게 결정한다고 느낀다. 프로그래밍 전체주의가 일단 실현되기만 한다면, 그에 관련된 사람들은 그것을 결코 깨달을 수 없을 것이다. 그 전체주의는 그들에게 보이지 않게 되기 때문이다. 그것은 현재의 맹아 상태에서만 보인다. 아마 우리는 여기서 낌새가 보이는 것을 알아차릴 수 있는 마지막 세대이리라.

우리는 그것을 알아차릴 수 있다. 우리에게는 아직은 쥘 수 있고 따라서 다룰 수 있는 손이 있기 때문이다. 그러므로 우리는 임박한 프로그래밍 전체주의를 어떤 비사물로 인식할 수 있다. 우리는 [비사물과 마찬가지로] 이 전체주의를 쥘[이해할] 수 없기 때문이다. 하지만 이러한 우리의 이해 부족은 혹시 우리가 "능가되었다[시대에 뒤떨어졌다]"는 표식일까? 자유롭게 결정할 수 있다고 믿는, 노동으로부터 해방된 사회는 어쩌면 인류가 줄곧 그려왔던 저 유토피아가 아닌가? 우리는 혹시 시대들의 완성을 향해 나아가는 것일까? 이를 판단할 수 있으려면, 현재와 미래의 기본 개념인 "프로그램" 개념을 더 정확히 분석해야 할 것이다.

침대

Das Bett

"침대로, 침대로 가요. 문을 두드리고 있어요. 자, 자, 자, 자, 손을 이리 주세요. 행한 일을 없던 일로 되돌릴 수는 없어요. 침대로, 침대로, 침대로 가요."

〈맥베스〉, 제5막 제1장

1

우리는 거주한다. 거주하지 않았다면 살 수도 없었을 것이다. 집도 없었을 것이고 보호받지도 못했을 것이다. 중심 없는 세계에 내놓아졌을 것이다. 우리의 거소는 세계의 중심이다. 우리는 거소에서 나와 세계로 돌진했다가 다시 거소로 물러난다. 우리는 거소로부터 세계에 도전하고, 세계를 피해 우리 거소로 도피한다. 세계는 우리의 거소를 둘러싼 주위이다. 세계를 고정하는 것은 바로 우리의 거소이다. 거소와 세계의 교류가 삶이다. 그것은 지평과 중심 사이의 맥박이다. 쏟아 비움과 한데 모음, 자기를 내어줌과 자기를 찾아냄, 행동과 관조, 작별과 귀가. 세계는 우리가 해독하는 알파벳이다. 거소는 그것의 알파와 오메가이다. 우리는 거주한다.

우리는 거주하는가? 어디에? 우리를 보호하는 것은 무엇인가? 우리가 [세계에] 내놓아지지 않도록 하는 것은 무엇인가? 우리 세계의 중심은 어디인가? 우리는 무엇에 의지하여 세계를 향해 돌진하는가? 우리는 물러날 장소가 있는가? 우리를 둘러싼 이것은 세계이고 이것은 고정되어 있는가? 우리의 삶은 무엇인가? 삶에는 방향이 있는가? 우리에게는 지평과 중심이 있는가? 우리는 우리 자신을 쏟아낼 수 있는가? 그리고 한데 모을 수 있는가? 우리는 자기를 내어줄 수 있는가? 그리고 찾아낼 수 있는가? 우리는 관조하지 않으면서 행동하고, 행동하지 않으면서 관조하는가? 우리가 귀가할 수 없다면 작별할 수 있겠는가? 알파도 없고 오메가도 없는 알파벳은 대관절 무슨 알파벳인가? 우리는 무한히 이어지는 부호들을 해독할 수 있는가? 아무 의미도 없는 알파벳도 여전히 알파벳인가? 우리는 거주하는가?

이런 질문들은 주장들을 갉아대어 잘게 부스러뜨린

다. 이 질문들, 이 합리적인 쥐들은 우리의 거소를 지탱하는, 합리성을 초월하는 지반을 갉아댄다. 이 질문들은 기초를 부순다. 그리고 다른 질문들을 낳는다. 이제 우리 거소의 토대는 폭발적으로 번식하는 무수한 질문들이다. 번식력 높은 질문들은 우리의 거소의 지반이다. 우리는 지반 없는 존재가 아니지만 이 지반은 흔들거리고 일렁인다. 이제 이 번식력 높은 질문들의 주둥이와 꼬리[처음과 끝]는 우리가 거기로부터 세계로 돌진하며, 세계를 피해 거기 쥐들의 등 위로 올라가 도피하는 그 장소이다. 우리는 폭풍 속에서 춤추듯 일렁이는 배에서처럼, 우리의 수평선이 올라갔다가 내려가고 일그러지는 것을 본다. 우리는 쥐들의 물결 위에서 격심한 뱃멀미에 사로잡힌다. 우리는 쥐들의 등 위에서, 우리 거소의 지반 위에서 메스꺼움에 괴로워하며 구토한다. 행한 일을 없던 일로 되돌릴 수는 없다. 침대로, 침대로, 침대로 가자.

그래도 아직 침대가 있다. 그것은 엄하고 좁고 꼼꼼한 의미에서의 거소이다. 엄밀하고 협소하고 꼼꼼한 의미에서 우리는 침대에서 거주한다. 우리는 엄밀하고 협소한 침대에 거주한다. 그런 까닭에 다소 독특하게 철학하는 이 시론은 침대를 논한다.

2

이 철학함은 독특하기 때문에, 안 됐지만 그 방법에 대해 몇 가지를 언급해야겠다. 아쉽지만 방법 없이 철학함은 아직 불가능하다. 그리고 우리는 아직 아무 구조 없이 의식의 자유로운 흐름 속으로 침잠할 수 없다. 또한 철학함은 아직 담론에 구속된다. 이 시론은 담론을 깨뜨리거나 최소한 비틀려는 시도이다. 그러나 문법이라는 구속복, 즉 논리라는 구속복은 말하는 사람을 억누른다. 어떻게 그렇게 하는지 털어놓아야겠다.

협소하고 엄밀한 의미의 거소로서 침대는 세계의 중심이다. 무수한 세계들의 중심이다. 나는 이 세계들 중에서 선택해야 한다. 나는 어떻게 선택할 수 있으며, 무엇이 내게 기준을 제시하며, 나는 어떻게 결정할 수 있는가? 내가 이런 일을 할 수 있는 이유는 침대에서 무수한 세계를 경험하지 않았기 때문이다. 침대에서의 내 경험은 제한된 경험이다. 그리고 나는 이처럼 제한된 경우들 중에서 선택할 수 있다. 나는 내게 가장 결정적인 것들로 결정할 수 있다. 나의 기준은 자전적이다. 그래서 나는 침대가 중심인 다음과 같은 세계들을 선택한다. 탄생, 독서, 수면, 사랑, 불면, 질병, 그리고 죽음.

이 시론은 이렇게 선정한 세계들을 묘사하려는 시도이다. 그러나 이 세계들을 묘사하기 전에 먼저 배열해야겠다. 또 다른 방법론적 문제를 해결해야 하는 것이다. 나는 배열의 기준으로 피동을 선택한다. 서술할 세계들을 피동을 기준으로 배열할 것이다. 그래서 그 세계들 안에서 피동은 갈수록 증가한다. 왜 피동인가? 침대의 정조는 피동, 수동Passive, 수난Passion이기 때문이다. 이것은 예컨대 탁자의 정조인 행동, 능동Aktive, 작용Aktion과는 다르다.

그러나 피동만으로는 배열 기준으로 충분하지 않다. 피동은 이성적 기준이 아니며 기하학에 적합하지 않다. 데카르트가 내게 증명하듯 이성이 기하학의 자매라면, 나는 그 형제다운 태도를 취할 것이다. 나는 이성에 경의를 표하기 위해 "기하학적 방식으로" 펼치면서 피라미드를 세울 것이다. 그 정점에는 사랑을, 그 측면들에는 서로 닮은 세계들을 놓을 것이다. 그렇게 하여 그 정점에서 좌우를 바라보면 첫 번째 쌍인 수면과 불면이 있고, 그 아래 두 번째 쌍인 독서와 질병이 있으며, 이 빗변의 밑바닥을 이루는 쌍인 탄생과 죽음이 있다. 그렇게 하여 나는 위계를 설정할 수 있다. 나는 그것이 여러 값을 포함하는 위계였으면 한다. 이렇게 선택된 세계들을 연결하면서 정점에 있는 사랑을 가리키는 벡터들이 있다. 또 다른 벡터들은 서로 동형인 세계들을 연결한다. 예기치 않게 피타고라스, 그대가 슬그미니 끼이들었다.[41]

---

41 이 장을 이루는 이하의 각 절들은 다음과 같이, 여기서 말한 피라미드의 구조와 각 주제를 다룬다.

사랑(6절)

수면(5절) 불면(7절)

독서(4절) 질병(8절)

탄생(3절) 죽음(9절)

또 다른 방법론적 문제를 고백해야겠다. 피라미드 위의 우뚝 솟은 다섯 세계[사랑, 수면, 불면, 독서, 질병]는 체험할 수 있기에 성찰적으로 포착할 수 있다. 하지만 우리는 탄생과 죽음이라는 밑바닥의 세계는 체험할 수 없다. 우리는 우리 자신의 탄생과 죽음을 인식할 수 없다는 점을 시인해야 한다. 우리는 오직 타자의 탄생과 죽음만 알고 있을 뿐이다. 이는 바뀌지 않는 사실이다. 이것이 나의 방법론적 고백이다.

3

나는 두 개의 침대를 본다. 한 침대에는 어떤 여성이, 이를테면 내 아내가 누워 있다. 다른 침대는 요람이다. 나는 이 요람을 세계의 중심으로 만들고자 시도한다. 나는 저 요람 속에서 울어대는 물건에 나 자신을 기투한다. 그 기투는 어렵다. 나는 내버리기를 시도해야 한다. 내가 내버릴 것은 무엇인가? 아마 무엇보다도 내 경험일 것이다. 나는 나의 경험을 괄호 치려 할 것이다. 내가 괄호 쳐야 할 것은 무엇인가? 다음과 같은 경험이다.

저 요람 속에서 울어대는 물건은 사람이다. 사람의 아들이기 때문이다. 저것은 세 개의 배엽으로 만들어진 다세포 존재이다. 사람을 닮은 포유류 유형의 척추동물이다. 분석해 보면 저것은 대부분 물, 탄소 기반 중합체, 기타 요소들로 이루어져 있다. 저것은 하나의 시스템으로서, 에너지를 소비하며, 공기, 물, 그리고 "양분"이라고 불리는 몇몇 물질을 조건으로 한다. 이 시스템은 붕괴될 것이다. 그것도 공기, 물, 양분으로 분해될 것이다. 이런 의미에서 저것은 사람이다.

저 울어대는 물건은 사람이다. 사람의 아들이기 때문이다. 삼 킬로그램짜리 물렁물렁한 저것에는 신경계가 들어있어서 내부와 외부의 영향에 자극받는다. 당분간은 내부의 영향만 작용한다. 그러나 신경계는 곧 외부에 개방될 것이고, 외부 영향들의 범위는 거대한 규모에 이를 것이다. 매우 다양한 기원과 매우 다양한 강도를 지닌, 대단히 풍부하게 분절된 영향들이 저것을 자극할 것이다. 이 시스템은 이러한 영향들을 체험, 노력, 사고, 행동으로 전환할 것이다. 저것은 자극들 중에서 선택하고 평가할 것이며, 모델들을 구축해서 자극들에 적응할 것이다. 마지막으로는 저것은 사고할 것이고, 자극과 거리를 둘 것이며, 그렇게 자극에서 멀어지면 모델과 자극을 잘 구별할 수 없을 것이다. 그 시스템은 의심할 것이고 철학할 것이다. 이런 의미에서 저것은 사람이다.

저 울어대는 물건은 사람이다. 사람의 아들이기 때문이다. 지금은 저것은 단지 내 영역 안에 있는 하나의 점, 즉 나에 대해 있는 하나의 대상일 뿐이다. 하지만 저것은 곧 내가 이렇게 그 자신을 사물화하도록 허용하지 않을 것이다. 저

것은 곧 나를 자신의 대상으로 만들려 할 것이다. 이 상호적인 대상화에서 우리는, 즉 저 물건과 나는 서로 의사소통을 하고 서로 인정할 것이다. 우리는, 서로 대화를 나눌 것이다. 서로 대화를 나누는 이유는, 이 중 하나는 그 타자에게 타자가 될 것이기 때문이다. 그리하여 저 울어대는 물건은 대화의 흐름으로, 즉 우리가 "문화"와 "역사"라고 부르는 저 흐름으로 침잠할 것이다. 그 거대한 대화는 저 물건을 프로그래밍할 것이다. 저 물건은 그 대화가 이루는 그물에 사로잡혀 그 안에서 존재할 것이다. 저것은 결코 그물에서 벗어날 수 없을 것이다. 역사와 문화는, 이 문화와 이 역사는 저것의 조건이 될 것이다. 저 물건은 거기 저항하더라도 여전히 포로로 남을 것이다. 그럼에도 불구하고 저것은 저항할 것이다. 이 반항이 저것을 감옥에서 해방하지는 않을 테지만, 감옥을 풍요롭게 만들 것이다. 이런 의미에서 저기 있는 저 물건은 사람이다.

저 울어대는 물건은 사람이다. 그저 사람의 아들만은 아니기 때문이다. 나는 저것의 미래를 예측할 수 없다. 그 이유는 내가 저것의 모든 조건을, 즉 저것의 양분, 자극, 역사를 알지 못하기 때문만은 아니다. 내가 이런 것을 모두 안다고 해도, 저 울어대는 물건의 행동과 미래를 오롯이 설명할 수는 없을 것이다. 거기에는 언제나 어떤 근원적인 것, 놀라운 것, 예상치 못한 것이 남아 있을 것이다. 그리고 이렇게 남아 있는 것은 완전히 새로운 어떤 것, 무언가 설명할 수 없으며 대체할 수 없는 어떤 것, 즉 신비로운 어떤 것이 될 것이다. 이 울어대는 물건에는 아직 결코 존재하지 않았던 무언가가 숨어 있다. 이런 의미에서 저 물건은 사람이다.

그러니까 나는 [지금까지 열거한] 이런 경험들, 그리고 이와 비슷한 경험들을 괄호 치고 나 자신을 요람으로 기투해야 한다. 저 울어대는 물건을 세계의 중심으로 만들어야 한다. 남은 것은 무엇인가? 울어댐이다. 이 울어댐은 무엇을 말하는가? 싫어! 내가 이 요람에 던져지기 전에 아무도 내 의견을 묻지 않았지. 나는 태어나기를 선택하지 않았어. 사람들은 나더러 포유류가 될지, 아니면 다른 어떤 것이 될지 선택하게 하지 않았어. 내가 사람이라는 것, 이 문화와 이 민족과 이 계급의 일원이라는 것, 이 부모의 아들이라는 것은 나의 선택이 아니야. 그리고 난 나의 조건이 이런 식으로 규정되는 것을 거부하겠어. 난 이런 조건에서의 삶을 받아들일 수 없어. 난 내가 떼어내어진 그곳으로 돌아가고 싶어. 싫어! 침대로 가겠어, 침대로, 침대로.

4

밤, 수난과 피동의 시간. 거대한 도시는 내 지평 아래로 가라앉았다. 내 세계의 구조를 규정하는 이 도시 장치의,

리듬에 따르는 맥박이 가라앉았다. 밤이 나의 세계를 집어삼켰다. 밤은 행위와 활동을 삼켜버렸다. 그 영역은 이제 수동, 수난, 피동에 개방되었다. 나는 침대에 누워서 읽는다.

한낮에, 저 바깥의 세계에서 나는 둥글게 말아 쥔 주먹이었다. 나는 나의 길을 열기 위해 탁자와 벽을 망치처럼 두드렸다. 이제 주먹을 폈다. 바로 나 자신인 이 펼친 손바닥 위에는 내가 읽는 책이 놓여 있다. 나는 이제 반대의 방향으로 산다. 방사하기보다 흡수한다. 누르기보다 눌린다. 말하기보다 듣는다. 행하기보다 품는다. 중심에서 이탈하기보다 중심으로 집중한다. 나의 집중은 나의 열린 손바닥이다. 나는 나를 열었기 때문에 집중하여 있다.

열린 손바닥은 조개와 같다. 조개껍데기인 그것은 독서를 모은다. 그것은 정보를 제공하는 명제들을 모은다. 나는 정보를 모으는 그물이다. 정보를 제공하는 파리를 잡는 거미이다. 나의 입은 열려 있다. 목이 마르다. 나는 열려 있다. 궁핍하다. 나는 나의 열린 곳으로, 내 중심의 무로 흘러드는 정보가 필요하다. 내 안의 무가 정보를 빨아들이기 때문에 나는 읽을 수 있다. 내가 한낮의 주먹처럼 탄탄하다면, 정보의 파도는 나의 섬에 부딪혀 부서질 것이다. 나의 공허 덕분에 나는 경청하고 순종한다. 나의 무는 나의 피동, 나의 허락, 나의 배움의 기관이다.

나는 읽고 경청한다. 경청하고 순종한다. 순종하고 허용한다. 허용하고 들어오기를 허가한다. 정보에게 입장을 허가한다. 책에 입장을 허가한다. 책은 타자이다. 나는 타자에게 들어오기를 허가한다. 타자가 나를 바꾸도록 허용한다. 나는 바뀌기 위해 읽는다. 바뀌기 위해 타자에게 나를 열었다. 나는 가소성이 있다. 나는 타자가 내 원형질에 낙인을 찍도록 허용한다.

그렇다고 저항하지 않는 것은 아니다. 나는 무형이 아니다. 구조가 있다. 나는 이미 읽은 적이 있다. 이미 이전에 타자들이 내게 낙인을 찍었다. 그 때문에 내게는 프로그램들이 있다. 그러므로 나는 현재 정보들을 선先판단 없이 읽을 수 없다. 내게는 이전의 판단들이 있다. 이런 선판단들은 분별한다. 선판단은 선택한다. 선판단은 몇몇 정보를 "거짓"으로 여겨 거부한다. "거짓"의 의미는 그 정보가 내 프로그램들과 합치되지 않는다는 것이다. 선판단은 또 다른 정보들은 "무의미"라고 여겨 거부한다. "무의미"의 의미는 그 정보가 내 프로그램들에 없다는 것이다. 따라서 나는 세 가지 유형의 정보, 즉 "거짓"인 정보, "무의미"한 정보, "참"인 정보를 읽는다. 내 프로그램들은 내가 모든 정보를 수용하도록 허락하지 않는다. 내가 모든 명제를 읽도록 허락하지 않는다.

하지만 이 명제들 중 일부는 내 프로그램들을 바꾼다.

어떤 “무의미”한 명제는 정보가 된다. 나는 그러한 명제를 습득한 것이다. 어떤 “거짓”인 명제는 “참”인 명제가 된다. 나는 이 명제를 납득한 것이다. 어떤 “참”인 명제는 “거짓”인 명제가 된다. 나는 이 명제를 해득한 것이다. 책의 명제들은 내 프로그램의 명제들을 서로 갈라놓았다. 책의 명제들은 내 프로그램 위에 떨어져서 프로그램의 명제들을 변화시켰다. 이전에 내게 참이었거나 거짓이었거나 무의미하던 것이 이제 그렇지 않고 부분적으로 달라졌다. 내 선판단은 이제 달라지고 약해졌다. 나는 부분적으로 타자가 되었다. 나의 이 독서 덕분이다. 나는 타자가 되었다. 내가 습득하고 납득하고 해득했기 때문이다.

내게서 달라진 것은 무엇인가? 나의 믿음이다. 믿음은 기대와 희망을 의미한다. 나의 독서가 나의 기대와 희망을 바꾸었다. 나는 달라졌으므로 다른 무언가를 기대하며 다른 무언가를 희망한다. 나는 내일 아침 일어날 때 다른 세계가 있기를 기대하며 다른 세계를 발견하기를 희망한다. 나의 독서는 나의 믿음을 바꾸었으므로 나의 세계를 바꾸었다. 나는 바로 닫힌 주먹이 되어 내일 다른 탁자와 다른 벽을 망치처럼 두드릴 것이다. 내일 나의 두드림은 오늘 내가 겪은 변화를 표현하는 것, 즉 내가 읽는 책에 대한 나의 응답을 표현하는 것일 터이다. 내일 나는 오늘의 책과 대화하기 시작할 것이다.

나는 세계를 바꾸기 위해 망치처럼 두드린다. 내가 바뀐 것처럼 세계를 바꾸기 위해서. 그것이 나의 응답이다. 내가 겪은 변화에 따라 세계를 바꾸는 것. 나는 당하면서 변했고 그에 따라 행하면서 세계를 변하게 해야 한다. 나는 내일은 행동으로 응답할 것이고, 오늘은 책임을 떠맡을 것이다.[42] 나의 피동, 나의 수난, 나의 독서는 책임이며, 나의 행동, 나의 활동, 나의 참여는 그에 대한 응답이다. 나는 읽는다. 응답을 책임지기 위해.

나는 읽는다. 다시 말해, 나는 책임과 응답을 위한 말들이 나의 내면의 공허에 흘러들고 그 흐름 속에서 내 믿음을 바꾸도록 허용한다. 나는 빨아들이는 소용돌이이다. 내일이면 원심기가 될 것이다. 나의 변화를 내 지평을 향하여 기투할 것이다. 나의 독서는 나의 기투를 위한 기투이다. 독서는 기투를 겪는 것이다. 독서는 수난/열정이다.[43] 내가 기투하도록 허용하기 때문이다. 나는 열정적으로 읽는다. 내가 겪는 수난은 세계를 바꿀 것이다. 그것은 믿음을 바꾸기에 세계를 바꾸는 열정이다. 나는 나의 믿음을 바꾸기 위해 열정적으로 읽는다. 나의 믿음은 타자에 의해 바뀐다. 나는 타자를 향하여 읽는다. 나의 문을 두드리는 타자를 향하여. 침대로, 침대

42 이 문장에서는 '응답하다'를 뜻하는 antworten과, 그로부터 파생된 '책임'이나 '해명'을 뜻하는 Verantwortung을 나란히 나열하고 있다.

43 여기에서는 Leidenschaft의 중의적 의미, 즉 '수난'과 '열정'을 활용하여 서술하고 있다.

로 가자. 문을 두드리고 있구나.

5

나는 잔다. 나는 내일 내게 돌아올 것[제정신을 차릴 것]이다. 지금은 나는 어디에 있는가? 물론 침대에 있다. 하지만 내가 돌아오기를 기다리는 중이다. 나는 내 바깥에 있다[정신을 잃고 있다]. 어디에? 나는 잠에 빠져 있다.

나 스스로 잠에 빠지도록 했기에 잠에 빠졌음을 나는 안다. 내가 호명되기 때문에 돌아올 것임을 나는 안다. 하지만 이 두 가지의 앎 사이에는 심연이 있다. 나는 이 심연에 대해 말할 수 없다. 그 심연을 횡단할 때는 내 바깥에 있기 때문이다. 나는 심연에서 거닐 때 침대에 누워 있다. 지금은 심연 속에 있지 않다. 그러나 나는 심연에 있을 때 사라지는 것도 아니고 내게 돌아오는 것도 아니다. 심연은 시간을 초월한다.

나는 심연에 대해 말할 수는 없으나 노래할 수는 있다. 오, 심연이여, 내 침대의 바닥인 심연이여.[44] 오, 심연이여, 내가 그 위에 거주하는 심연이여. 오, 나의 내면의 심연이여. 오, 잠이여, 내 탄생과 내 죽음의 달콤한 형제여. 나는 너에게 빠져들면 나를 떠나고, 너를 떠나면 나를 다시 찾아내는구나. 아니, 나는 너에게 빠지면 나를 다시 찾아내고, 너를 떠나면

---

44 여기에서 Abgrund는 바닥Grund이 없는 심연을 뜻하고 begründen은 바닥이 되는 것을 뜻하므로, "내 침대의 바닥인 심연"은 어떤 모순을 표현하고 있는 셈이다.

나에게서 멀어지는 것인가? 너에게 빠지는 것은 경련이 풀어지는 것이 아니던가? 그리고 깨어나는 것은 경련을 일으키는 것이 아니던가? 오, 잠이여, 너는 나의 개념들을 엉클어뜨리네. 너는 개념으로 이해할 수 없어. 나는 너를 개념으로 포착할 수 없어. 나는 부정을 통해서만 네게 다다를 수 있지. 내가 개념으로 이해하려 하지 않아야만 네가 나타나지. 너는 내가 빠져드는 비밀이야. 너는 나를 잠들게 해.

하지만 나는 너로 결정해야 하지. 나는 너를 불러야 하지. 이리 와! 나는 너에게 나를 열어야 해. 네가 있도록 허용하기를 결심해야 하지. 의지를 억누르려는 결심. 의지에 반하는 의지. 모순의 결심, 변증법적으로 펼쳐진 홍예.[45] 이 홍예는 내가 열리는 곳. 나는 모순의 틈을 통해 잠에 빠지네. 어떤 긍정도 하지 않는 아닌 부정의 심연에 빠지네.

결심은 선택이다. 따라서 하나의 가능성을 취하는 대신 다른 모든 가능성을 잃는 것이다. 나는 결심할 때면 무언가를 얻고 무언가를 잃는다. 잠을 자기로 결심하면서 나는 무엇을 얻는가? 아무 것도. 나는 아무것도 얻지 않는다. 내가 얻는 것은 무이다. 나는 무화無化라는 대양을 얻는다. 지양, 해방, 책임 소멸, 멈춤, "판단중지", 본질적인 것. 그리고 휴식,

45 독일어 원어는 Bogen으로, '활, 곡선, 호弧, 무지개, 아치, 궁륭穹窿, 둥근 천장' 등, 둥글게 휜 모양을 지닌 것들을 통칭한다. 이러한 다의성을 감안해 우리말 단어 중 '무지개'와 '둥근 모양의 문'의 뜻을 아울러 지닌 "홍예虹蜺"로 옮겼다.

"평화로운 안식". 잃는 것은 무엇인가? 모든 것. 나를 잃고 세계를 잃으며 결정의 힘과 결정의 영역도 잃는다. 잠을 자기로 결심하면서 결정적인 것을 잃고 결정도 잃는다. 나의 존엄을 잃는다. 나의 존엄은 결정할 수 있는 나의 자유이기 때문이다. 잠에 빠지는 것은 내 존엄이 타락하는 것이다. 잠을 자는 동안 나는 존엄이 없다. 나는 나의 존엄을 잃는 잠의 결심을 해롭지 않다고 치부할 수도 있다. 그것은 합리적인 결심이고 따라서 존엄하다고 말한다면 말이다. 나는 잠에 빠져 그 아래에서 힘을 모을 수 있으므로 깨어난 후에는 훨씬 더 나은 결정을 할 수 있다고. 나의 수면은 "더 나은 도약을 위한 물러섬", 전략적 후퇴라고. 잠을 잔다는 나의 결심은 죽는다는 결심처럼 최후의 결심이 아니라고. 잠은 죽음의 동생일 뿐이라고.

좋다. 잠은 해롭지 않은 것이 되었다. 나는 잠을 합리적으로 대상화했다. 잠은 저기 있고 나는 여기 있으며, 모든 것이 이보다 더 좋을 수 없다. 이런 설명도 가능한 것이다. 그런데 이렇게 설명한 잠은 나의 잠인가? 이를테면 자연과학이 잠에 관해 내게 말하는 것은 나의 잠에 관한 설명인가? 나의 잠은 정말로 내가 설명하고 따라서 내가 다루고 바꿀 수 있는 나의 대상인가? 아니면 오히려 내가 내 잠의 대상이 아닐까? 내가 내 잠의 객관적이고 표피적인 현상이 아닐까? 깨어 있는 나의 낮들은 잠의 대양에 떠 있는 군도가 아닐까? 나는 깨어 있는 찰나들을 꿰어낸 진주 목걸이인데, 그 목걸이의 구조는 잠이라는 어두운 끈에 의해 주어지는 것이 아닐까? 나는 잠에서 주기적으로 추방되는 자가 아닐까? 나의 잠에서 추방됨이야말로 내 현존의 존재 방식이 아닐까? 나는 잠에서 깨어나고 잠에 빠지므로 존재하는 것이 아닐까? 이 숨겨진 것이 다시 나의 사변을 따뜻하게 안으면서 에워싼다.

잠의 심연으로 들어가는 입구는 장막에 덮여 있는데, 나는 그 장막을 젖히거나 찢을 수 있다. 그것은 꿈이라는 장막이다. 나는 이제 정신분석처럼 그 장막을 찢어버리기보다는 다소 철학적으로 들춰보려는 것이다. 장막은 무언가이거나 아무것도 아니다. 장막은 이미 세계이고 이제 세계가 아니기 때문이다. 장막은 아직 나이고 나는 이미 그것이기 때문이다. 자아와 세계, 그것은 극단의 꿈들, 꿈의 경계사례들이다. 깨어 있는 자아의 깨어 있는 세계는 잠에서 극단으로 멀어진 꿈이다. 깨어 있는 자아의 깨어 있는 세계는 극단으로 낯설어짐이다. 이러한 장막을 마주하여 과연 존재론적으로 사고하는 것이 가능할까? "현실"이라는 단어는 잠과 관련해서만 유의미한가? 그것은 잠에 상대적이어서 "현실적"이라고 함은 잠에서 가장 멀리 떨어져 있다는 것인가?

그럼에도 우리는 존재론적으로 사고해야 한다. 존재해야[자신을 찾아내야] 하기 때문이다. 자신을 내어줄 수 있으려면 자신을 찾아내야 한다. 그리고 존재론은 꿈의 장막으로 시작한다. 장막이 촘촘할수록 나는 자신을 더 많이 찾아낸다. 나는 장막이 가장 촘촘한 지점에 존재한다. 현실은 촘촘해진 장막이다. 하지만 현실은 있는 것이 아니다. 현실은 되는 것이다. 그것도 꿈이 현실이 되는 것이다. 현실은 촘촘해진 꿈이고, 나는 꿈을 촘촘하게 하는 자이다. 나는 깨어 있을 때 현실의 탁자와 현실의 벽을 망치처럼 두드린다. 내가 꿈에서 왔기 때문이다. 나는 탁자와 벽을 망치처럼 두드려서 그것들을 나의 꿈에 맞추고 그렇게 해서 더욱 현실적으로 만든다. 나는 꿈의 전령으로서 현실의 영역에 있다. 나는 그렇게 먼저 꿈의 전령으로서 현실의 영역에 있어야 비로소 이 영역을 현실로 바꾸는 자가 된다.

나는 깨어날 때 꿈을 가로질러 세계로 간다. 나는 꿈을 가로질러 잠에, 꿈 없는 심연에 빠진다. 나는 깨어날 때 잠으로부터 그것의 표피인 꿈을 떼어내어 그 꿈을 현실로 만든다. 나는 잠에 빠져들면 모든 꿈을 잃는다. 꿈은 모델이다. 현실은 실행된 모델, 그래서 무화된 모델이다. 나는 잠에 빠지면 모든 모델을 떠난다. 나는 잠에 빠지면 비트겐슈타인처럼 모든 모델의 피안에 있다. 말할 수 없는 것에 대해서는 침묵해야 한다.[46]

잠의 심연은 침대 밑에 열려 있다. 그것은 나를 호명하

46 "말할 수 없는 것에 대해서는 침묵해야 한다"라는 비트겐슈타인의 말을 인용하고 있다.

여 빠지게 한다. 더 이상 나 자신을 내어주는 것이 아니라 순종하게 한다. 나 자신을 내버려 두고 떠나게 한다. 문을 두드리고 있구나. 자, 자, 자, 자.

6

타자. 나는 네 안에서 나를 알아본다. 너는 나의 진동, 타자들의 진동이다. 우리는 진동한다, 나와 너, 나의 타자들은. 우리는 껴안은 채 진동한다. 무언가가 우리를 껴안았다. 이 무언가는, 전혀 다른 이 무언가는 무엇인가?

전혀 다른 이것은 우리가 "우리"이게 만든다. 우리의 "우리"에서 우리는 우리의 "너"와 우리의 "나"를 잃었다. 아마도 우리인 이 "우리"는 우리를 껴안는 완전히 다른 존재일 터이다. 전혀 다른 이것은 이름이 있는가? 사랑? 욕망과 욕망의 죽음? 존재하려는 의지와 소멸하려는 의지? 존재하기를 의지함과 타자를 존재하게 하기를 의지함? 행위와 수난, 행동과 피동? 그렇지만 아마 "우리"는 단순히 전혀 다른 것의 이름일 것이다. 나는 나의 홀로임 속에서 나를 위로하기 위해 나의 타자인 네가 필요하다. 나는 너의 홀로임 속에서 나의 홀로임을 알아본다. 그러니 함께 위로받기 위해 함께 홀로이자. 이제 나는 홀로가 아니다. 이제 타자가 내 곁에서 홀로인 것이다. 우리는 함께이다.

나는 홀로 태어났기에 홀로이다. 그리고 나는 홀로 죽음을 맞을 것이다. 그 누구도 내가 태어날 때 나를 대리하지 않았고 내가 죽을 때 나를 대리하지 않을 것이다. 나는 탄생이나 사망에 있어 나의 권력을 넘겨주고 전권위임자를 지정할 수도 없다. 나의 권력은 홀로이다. 나 역시 그 누가 태어나거나 죽을 때 그를 대리하거나 그의 전권위임자로서 행하거나 당할 수 없다. 그런 이유로 내가 나의 삶에서 받아들이거나 넘겨주는 모든 전권과 책임은 죽음 앞에서는 무효이다. 그것들은 나의 근본적인 홀로임으로 인해 무효로 되었다. 나는 근본적으로 그 누구를 대체하거나 그 누구에 의해 대체될 수 없기에 홀로이다. 나는 대체될 수 없다. 내 주변의 모든 것은 대체될 수 있다. 모든 것이 교환될 수 있다. 고로 모든 것은 가치가 있다. 내 주변의 어떤 물건이 지닌 가치는 교환을 통해 알 수 있다. 내가 그 물건을 다른 물건으로 대체할 수 있다는 사실이 그 물건을 가치 있게 만든다. 나 자신은 타자들에게 하나의 물건이다. 타자들은 내가 그들에게 있어 지니는 가치에 따라 나를 대체할 수 있다. 나는 그들에게 하나의 물건이기에 가치가 있다. 내가 죽는다면 그들은 무언가를 잃는 셈이다. 그들은 내가 그들의 가치를 평가하듯 나의 가치를 평가하기 때문이다. 우리는 서로 사랑하지 않는다. 나와 타자들은.

그렇지만 나의 타자인 너는 아예 무가치하다. 나는 너

를 대체할 수 없다. 나는 네가 홀로임을, 네가 대체 불가함을, 네가 교환 불가함을 안다. 내가 네 안에서 나를 알아보기 때문에. 내가 너를 인정하기 때문에. 나의 타자인 너는 내게 아무런 가치가 없다. 내가 너를 사랑하기 때문에. 네가 죽으면 내가 너에 관하여 어떤 손실을 입는 것이 아니라 너의 죽음을 통해 모든 사물이 가치를 잃는 것이다. 사물들이 가치를 지니는 것은 내가 그것들을 교환하기 때문이다. 그리고 내가 그것들을 교환하는 이유는 내가 네 안에서 나를 알아보기 때문이다. 나의 타자인 너는 모든 가치의 무가치한 기반이다.

우리는 제각기 홀로 죽을 것이다. 우리는 함께 죽지 않을 것이다. 함께 죽을 수 없기 때문이다. 오로지 "나"와 "너"만 죽을 수 있다. "우리"는 죽을 수 없다. 우리는 불멸이다. 죽음은 우리에 대해서는 모든 권력을 잃었다. 죽음은 단지 대체할 수 없는 자아에 대한 판관이기 때문이다. 그리고 죽음은 모질고 바르게 판결한다. 우리는 우리의 "우리"에서 죽음을 극복했다. 자, 우리 함께 죽음을 무효로 하자. 나와 더불어 "우리"라고 말하라. 그리고 우리가 제각기 홀로 죽을지라도, 우리는 불멸이다. 물론 나는 우리의 우리가 죽을 운명임을 안다. 무수한 나와 네가 우리에 들러붙어서 심연으로 잡아끌기 때문이다. 그렇지만 나는 죽음을 극복하는 또 다른 시도는 알지 못한다. 나는 네가 홀로임을, 네가 죽음을 향한 존재임을 똑똑히 안다. 나는 내가 홀로임을, 내가 죽음을 향한 존재임을 똑똑히 안다. 우리의 우리를 죽음의 얼굴에 던지자. 자, 자, 자, 자, 손을 이리 다오.

7

나는 자기로 결심하고 침대에 누워 있다. 자기로 결심한 지는 오래되었다. 나는 잠에 완전히 열려 있다. 하지만 잠은 오지 않았다. 나는 오랫동안 기다리고, 시간은 내 주위에서 굳어서 영원이 되었다. 고대인이 말하던 "멈춰 있는 현재". 굳은 시간은 공간을 삼키고 소화하고 무화했다. 늪이 되는 끝없는 시간, 시간들의 저수지. 이 습지에서 나는 "은총"이라는 단어의 의미를 체험한다.

나는 파문당했다. 잠의 은총을 박탈당했다. 기대와 희망을 한가득 안고 나를 열었지만, 잠은 오지 않았다. 나는 잠에 빠지지 않았다. 이것이 지옥인가? 이 삼켜진 공간, 그리고 시간들의 저수지는 지옥인가? 심연은 나를 거부하고, 나는 나를 열었음에도 닫히는가? 앎은 거부되었는가? 나는 왜 파문당했는가?

내가 존속하기/견지하기 때문이다. 나는 나의 존속을 견지한다.[47] 나는 나를 주장한다. 나는 나의 주장이다. 나는 내가 존재한다고 주장하고, 잠은 그럼 그러라고 대답한다. 나의

47 독일어 단어 bestehen이 지닌 '존속하다'와 '견지하다'라는 중의적 의미를 활용하여 표현하고 있다.

불면은 나의 주장이다. 그리고 내가 나를 주장한다면, 내가 존재한다면, 나는 어떤 사유하는 물건이다. 불면은 이런 것이다. 연장된 물건 없는 사유하는 물건.[48] 지옥. 사유하는 생각들의 대관람차. 서로 결합하는 생각들과 서로 분열하는 생각들. 구르는 생각들과 눈사태처럼 무너지는 생각들. 서로 묻어버리는 생각들. 그리고 이 모든 사유는 연장된 사물 없이 일어난다. 공간도 없이, 시간들의 저수지에서. 동일자의 영원회귀에서. 나는 나를 구하려 시도한다. 나는 나의 생각들과 이성적으로 토론한다. 나는 그 생각들이 아무것도 아님을 그들에게 증명하고자 한다. 나의 생각들은 스스로를 주장한다. 그것들은 나의 생각들이기 때문이다. 그들이 스스로를 주장하는 이유는 내가 그들을 주장하기 때문이다. 나의 생각들이 묻는다. '육백칠십사 곱하기 일천이십팔은 몇이지?' 나는 대답한다. '몇이든 상관없어.' 나의 상냥한 생각들은 말한다. '맞아. 상관없지. 그런데 얼마지?' 나는 계산한다. 거기에서 풀려나려고. 하지만 계산을 할 수 없다. 나는 피로하다. 자, 달콤한 잠이여, 나를 계산에서 풀어다오. 싫다고? 나는, 주장되는 나는, 곧 너를 강요하는 법을 알게 될 것이다.

나는 양들을 센다. 잠을 가장한다. 알약을 먹는다. 하지만 마침내 잠의 기술을 알게 된다. 나는 너를, 반항적인 도구인 너를 나에게 복종시킬 수 있다. 그리고 정말로 나는 잠

48 실체를 연장 실체와 사유 실체로 구분한 데카르트를 빗대어 말하고 있다.

을 잔다. 드디어 잠을 잔다. 나는 잠을 합성해 내어 잔다. 나는 의도적으로 잠을 잔다. 나는 불면을 극복했다. 나는 지옥을 극복했다. 나는 잠을 강요했다. 나는 천국을 강요했다.

모든 강요한 천국의 특징은 그런가? 합성인가? 요가, 선, 마르크스주의와 같은 온갖 구원 기술의 귀결은 그런 천국인가? 그런 천국은 모두 알약이나 양 세기로 만드는 잠과 같은가? 그러니까 천국을 가장한 지옥인가?

그런데 강요한 잠은 왜 거짓 잠인가? 그 잠은 나를 가두기 때문이다. 그 잠은 내가 나의 기원에 접근하지 못하도록 가로막기 때문이다. 그 잠은 나를 해체하지만 해방하지는 않기 때문이다. 그 잠은 나를 풀어주지만 구하지는 않기 때문이다. 거짓 잠, 그렇다면 여기에 거짓 죽음도 있어야 하지 않는가? 혹시 자살이 알약의 죽음일까? 이는 모든 물음 중의 물음이다. 최후의 물음이다. 자살이 단지 거짓 죽음일 뿐이라면, 나의 자유는 어떠한가? 나는 어떻게 죽음을 날조하지 않으면서 죽음을 결심할 수 있는가? 내가 나에게 죽음의 최초 동인을 줄 수는 없는가? 나는 잠을 잘 때와 마찬가지로 이때에도 그저 쓰러지도록 내버려 두어야 하는가? 나는 파문당했다.

하지만 나는 잠을 자지 않고서는 살 수 없다. 나의 바닥을 이루는 심연으로의 접근이 허용되지 않는다면, 나는 살 수 없다. 그럴 수 없는 이유는 내가 태어났기 때문이고 심연으로부터 왔기 때문이다. 심연은 나의 고향이며, 나는 심연의 존재, 잠자야 하는 존재이다. 또 그럴 수 없는 이유는 내가 죽을 것이기 때문이고 심연으로 가고 있기 때문이다. 심연은 나의 목표, 나의 의미, 나의 이상향이며, 나는 심연의 존재, 잠자야 하는 존재이다. 내게 잠이 허용되지 않는다면, 나는 잠을 강요해야 할 것이다. 결론적으로, 문화는 알약이 아니라면 무엇인가? 예술, 과학, 철학은 잠을 강요하는 알약이 아니라면 무엇인가? 종교는 수면의 가장이 아니라면 무엇인가? 우리는, 우리 문명화된 존재는 불면이다. 우리는 잠을 강요하기 때문이다. 우리는 파문당했다.

물론 이 모든 것은 불면 중에 꾸며낸 순전한 착란이다. 이 모든 것은 불면처럼 빙빙 돌아간다. 이처럼 은총을 유발하고자 하는 것은 절망적이다. 희망은 배반당했기 때문이다. 그러므로 우리는 우리의 파문을 품위 있게 받아들여야 한다. 최후의 낯설어짐. 나는 잘 수 없으므로 자지 않을 것이다. 나는 깨어 있거나 가장할 것이다. 나는 나를 주장함으로써 지옥의 원을 닫았다. 행한 일을 없던 일로 되돌릴 수는 없으니.

8

나는 병들어 침대에 눕는다. 나는 고통을 당한다. 나는 육체이다. 나는 전적으로 여기, 침대에 있다. 나의 고통은 내가 전적으로 여기 존재함을 증명한다. 나의 존재는 나의 고통에 온전히 집중된다. 나의 존재는 나의 고통이다. 나는 전적으로 육체이다.

고통은 나를 고립시킨다. 오롯이 사적이어서 공개할 수 없기 때문이다. 나는 그 고통을 공표할 수 없다. 공표된 고통, 알려진 고통은 이미 고통이 아니다. 그런 것은 이미 정신으로 승화된 것이다. 그러나 고통은 완전히 육체적이므로 그 자신이 정신으로 승화되도록 허용하지 않는다. 고통에 대한 이론은 존재할 수 없다. 우리는 고통을 사유할 수 없고 고통을 감수해야 한다. 고통은 본래적 체험, 직접적 체험, 그래서 매개될 수 없는 체험이다. 우리는 고통을 체험할 수 있고 또 체험해야 하지만, 고통을 사유할 수는 없다. 그런 까닭에 우리는 고통 그 자체를 기억할 수는 없다. 고통은 즉시 잊힌다. 고통은 시간적이지 않고 온전히 공간적이다. 고통은 사유할 수도 없고 사유해서도 안 된다. 고통은 마지막 수치이자 치욕이다. 사적인 데다 뚜렷하기 때문이다. 고통은 내게 극단적 경험주의라는 저주를 내린다. 고통이 역겹기 때문이며, 고통을 당하는 내가 역겹기 때문이다.

고통은 나를 대상화한다. 나는 물건이 되기 때문이고, 육체가 고통을 통해서 이 물건에 대한 총체적 지배권을 넘겨받기 때문이다. 이제 육체만 중요하다. 이 역겨우며 고통받는 육체. 시간은 사라져버렸다. 나는 연장된 물건이다. 공간의 차원들은 나의 고통이다. 이 차원들이 전부이다. 나는 역사가 아니고, 나는 문화가 아니며, 나는 사유가 아니다. 나는 연장이고, 나는 자연이며, 나는 물건이다. 나의 경험주의에도 불구하고 나는 완전히 객관적이다. 나에게 [주관적인] 어떤 것도 문제가 아니다. 나의 고통은 데카르트 담론을 반증한다. 나는 고통을 당한다, 고로 나는 존재한다. 나는 고통을 당한다, 고로 나는 사유하지 않는다. 나는 연장된 물건이다. 오, 역겨운 실증주의여.

기독교는 육화한 말씀이 십자가에서 치욕스러운 고통을 당했고, 그렇게 하여 연장된 사물이 되었다고 말한다. 기독교는 신이 그렇게 역겹게 스스로를 객관화했다고 말한다. 마치 내가 지금 침대에 있는 것처럼 역겹게. 그것은 어떤 신인가? 내가 태어날 때 그로부터 온 그 심연인가? 내가 잠에 빠질 때 그 속으로 빠지는 그 심연인가? 내가 죽을 때 걸어 들어가는 그 심연인가? 내가 거주하는 내 침대 아래의 그 심연인가? 내가 "우리"라고 말할 때 내가 아는 그 심연인가? 심연이 육화하여 극단적 실증주의에서 역겨운 고통을 당한다는 말인가? 그래서 전혀 심연이 아닌 무엇, 역겹게도 전적으로 여기 있는 무엇이라는 말인가? 나는 기독교가 말하는 것을 믿을 수 없다.

아니면 믿을 수도 있다. 장갑을 뒤집듯이 뒤집는다면 말이다. 나의 독서 경험이 어쩌면 도움이 될 수도 있을 것이다. 나는 독서에서 타자에 의해 변화를 당한다. 이는 마치 타자가 나의 펼친 손바닥에 성흔을 내는 것과 같다. 독서의 낙인은 전도된 질병이다. 그러므로 역겹게 그 자신의 고통을 지닌 채 오롯이 여기 있는 신은, 아마도 오롯이 다른 곳에 있는 심연에 대한 대답일 것이다. 부인하는 대답. 나 자신의 고통이 나에게 가르쳐준 것을 증명하는 대답. 그것은 모든 것이 무의미하다는 대답이다. 나는 기독교를 말 그대로 받아들인다면 믿을 수 있다. 신은 죽었다. 신의 고통이 그 증거이다.

따라서 그런 의미에서 나의 병은 그리스도의 모상이다. 하지만 기독교는 나에게 그것이 그리스도의 왜곡상이라고 할 것이다. 나는 병들었으므로 구세주를 흉내 내는 원숭이라고 할 것이다. 구세주는 물건이기로 선택했으나 나는 선택하지 않은 채 물건이기 때문이다. 그래도 구세주는 인간이 아니었던가? 내가 병을 선택한다면 그것은 더 이상 병이 아니다. 병에 있어서 존엄을 박탈하는 것은, 병이 의미 없고 선택할 수 없고 우연적이라는 사실, 그리고 병이 나를 엄습하는 방식이다. 순연히 고통일 뿐이며 여기에 수수께끼 따위는 없다. 여기에 비밀은 없다. 기독교의 논리는 스스로를 거꾸러뜨리는 것이다.

그러면 마침내 나는 기독교를 믿어야 한다. 비밀이 없고 수수께끼가 없으며 의미도 없는 병에 걸린 나는 물건으로서 타자의 타자이기 때문이다. 내가 나 자신에게 역겹다는 것은 내가 타자라는 것, 그리고 타자가 나를 타자화한다는 것을 입증한다. 그렇지만 물론 이는 이제 상상할 수조차 없다. 여기에는 고통이 고통이도록 하는 것 외에는 아무것도 남지 않는다. 비밀이 없다는 것이야말로 비밀스러운 것이기 때문이다. 그래서 존엄을 상실하고 역겨운 물건인 나는 스스로를 그리로 미끄러져 가게 해야 한다. 행한 일을 없던 일로 되돌릴 수는 없다. 침대로, 침대로, 침대로 가자.

9

임종의 침대, 단말마, 절망적 투쟁, 따라서 다만 감상에 빠지지 않는 것. 나에게 대상인 여기 침대 안 물건은 부조리하게도 계속 물건이려 한다. 저 울어대는 물건처럼. 그러나 우습게도 그것은 저 [울어대는] 물건이 표현하는 부정을 거꾸로 뒤집은 부정이다.[49]

그러므로 이는 타자의 죽음이다. 삼류 연극이다. 이는 연민과 공포를 불러일으킬 것이다. 그것이 불러일으키는 것은 우리의 무력감이라는 느낌이다. 그리고 부조리하다는 느

49 앞의 3절 '탄생'에서 "저 울어대는 물건"은 탄생을 부정하지만, 이 9절 '죽음'에서 "여기 침대 안 물건"은 죽음을 부정하므로 "거꾸로 뒤집은 부정"이다.

낌이다. 부조리극이다.

하지만 주의하라. 여기서는 무언가가 공연된다. 완전히 표면에 있지는 않지만 그래도 보이는 무언가가 함께 공연된다. 우리는 여기 어딘가에서 틈을 본다. 여기 우리 앞에 육체가 있다. 저것은, 저 육체는 예전에는 인간이었는가? 우리는, 나와 이 육체는 서로 이야기했던가? 그것은, 즉 우리가 이야기한 것은 어떻게 되었는가? 그것은 그래도 내 안에 보관되어 있고, 그래서 이 죽음으로부터 구출된다. 이것, 이 육체에서 인간이던 것은 갈무리되었다. 내 안에서, 그리고 죽음에 맞서는 그의 다른 동료들 안에서, 그의 다른 공모자들 안에서. 여기 이 과거의 인간이 죽음에 맞선 우리의 공모에서 갈무리된다는 것은 분명 그의 불멸성을 보여준다. 그렇지만 여기 내 앞에 있는 육체는 이러한 설명을 격렬하게 부정하는 듯하다. 그는 죽고 싶지 않다고 말한다. 왜 죽고 싶지 않은가? 모든 것이 질서정연한데 말이다! 그는 갈무리되는 것이다. 그러나 여기 이 육체는 이런 일에는 전혀 관심이 없는 듯하다. 그는 동료들에 대한 관심을 깡그리 잃은 듯하다. 그들이 그의 불멸성인데도. 그들이 그의 불멸성이어야 하는데도.

여기 이 육체는 기념비에는 관심이 없는 듯하다. 그 자신을 추모하는 기념비일지라도. 시간 속에서의 불멸성은 여기 침대에서의 그 투쟁과 무관한 듯하다. 그것은 이런 투쟁을 고려할 때 그저 공허한 잡담일 따름이다. 관심은 전혀 다른 어딘가로 향한다. 즉, 내가 말한 틈으로, 시간, 역사, 문화, 언어와 무관한 그 틈으로. "초월적인 것"으로.

임종의 침대 뒤에 있는 틈은 존재론적 틈이다. 여기 침대에 있는 육체는 이 틈을 통해 이미 자신의 사람됨을 잃었다. 그리고 그는 자신의 육체됨마저 잃어 물건이 되지 않고자 단말마에서 투쟁한다. 여기 이 육체의 사람됨은 이 틈을 통해 어디로 사라졌는가? 그리고 투쟁의 승패가 결정되고 여기 이것이 물건이 될 때까지, 육체됨은 어디로 사라질 것인가? 또한, 무슨 이유로 이 육체는 육체로 남으려는 것인가?

아이러니의 거리를 두고 관찰하는 나에게, 이런 모든 질문은 시스템, 조직, 정보와 어떤 관련이 있는 듯하다. 관찰자인 나에게는, 죽음은 벌어진 틈을 통한 정보의 점진적 손실로 여겨진다. 사람됨은 복잡한 시스템이 된다는 의미이다. 육체됨은 이보다 덜 복잡한 시스템이 된다는 의미이다. 물건됨은 시스템을 이보다 더 단순화한다는 의미이다. 죽음을 당함은 정보 손실을 당하는 것이다. 국외자인 나에게는 죽음은 엔트로피이다. 벌어진 틈은 나에게는 한마디로 시간인데, 이는 열역학 제2법칙을 따르는 벡터라는 의미에서 그렇다. 즉, 내가 감상에 빠지지 않는다면 그 틈이 나에게 그렇게 나타난다는 의미이다. 따라서 타자의 죽음은 나에게 얼추 독서의 반대인 것이다. 죽음은 탈학습이다.

하지만 여기서 투쟁하는 이 육체는 다른 것을 암시하는 듯하다. 이는 마치 육체가 틈 너머로부터 투쟁하는 듯하다. 마치 여기 이 육체의 사람됨이 외부로부터 여기 이 투쟁을 이끄는 듯하다. 그 육체는 이쪽보다는 저쪽에 있다. 아마도 이것이 투쟁일 것이다. 즉, 피안에서의 불멸을 둘러싼 투쟁. 이는 무슨 의미인가? 우나무노[50]는 자신이 모든 이성을 거슬러 불멸을 원한다고 말하지 않았던가? 그 의미는 임종의 침대 위 단말마가 아니었던가? 하지만 이 모든 것은 결국 타자의 죽음이다. 그것은 나에게는 손실이다. 즉, 손실이 아닌 나의 죽음과는 전혀 다른 무엇이다.

나의 죽음은 어떻게 될 것인가? 홀로인 순간에 나는 어떻게 될 것인가? 모든 인간적 존엄이 해체되는 순간에? 모든 대화가 잡담으로, 모든 역사가 한낱 사건으로, 모든 문화가 허식으로 붕괴된다면 어떻게 될 것인가? 모든 작품이 거품이 되고 모든 가치가 박탈된다면 어떻게 될 것인가? 이것이 종교들이 나에게 설파하는 구원인가?

나는 나의 탄생을 체험할 수 없다. 나의 탄생은 "지나갔다". 나는 나의 죽음을 체험할 수 없다. 나의 죽음은 나"에게 온다". 그렇지만 과거는 나를 기투하고 미래는 그 기투의

50 미겔 데 우나무노Miguel de Unamuno, 1864-1936. 스페인의 소설가, 극작가, 철학자. 쇼펜하우어와 키르케고르의 영향을 강하게 받았다. 대표 저서로 소설 《안개》, 철학서 《생의 비극적 의미》 등이 있다.

의미이다. 나의 오장육부에서 나는 나의 탄생을 기투로 느끼고 나의 죽음을 목표로 느낀다. 나는 탄생이자 죽음이고, 그것들은 내게 늘 현전한다. 그런 의미에서 본디 나는 모든 내 현재들의 양면인 탄생과 죽음만을 언제나 체험한다. 본디 나는 애오라지 탄생과 죽음만 알고 있고, 다른 모든 것은 잡담일 뿐이다. 탄생을 잊고 죽음을 숨기기 위한 잡담. 탄생은 나의 유일한 토대이며, 죽음은 나의 유일한 주제이다. 내 거소 아래 심연으로서의 죽음. 여기 내 앞의 임종의 침대 위 저 다른 "죽음"이 아니라, 여기 내 발 아래의 죽음. 나는 나의 이 죽음을 아주 정확히 알고 있다. 내가 나 자신에 대해 곰곰이 숙고한다면, 매일이고 매시간이고 죽음과 내밀한 관계를 맺기 때문이다. 나는 그로부터 왔고 그것은 내 안에 있으며 늘 나를 부른다.

죽음의 순간에 내가 어떻게 되는지는 아무래도 좋다. 지금 여기가 바로 나의 죽음의 순간이다. 저기 단말마의 육체가 내 죽음의 표상을 상연하는 것은 아니다. 나는 나의 죽음이며, 내가 행하는 모든 일은 내 죽음의 표상이다. 행한 일을 없던 일로 되돌릴 수는 없다. 나는 내가 행한 일을 없던 일로 되돌릴 수는 없다. 잠자야 하는 사람의 불면 속에서 내가 행한 일을 없던 일로 되돌릴 수는 없다. 내가 행한 일은 내 죽음의 표상이었다. 하지만 바로 그래서 그것은 죽음의 부정이었다. 그것은 나의 죽음을 표상하기에, 이제 나의 죽음 앞에 자신을 세운다.[51] 내가 행한 일은 죽음 앞에서 나를 주장한 것이다. 죽음에의 반항이다. 그런 의미에서 내가 행한 일은 나이며, 나의 죽어감이 나인 것보다 더욱 나이다. 나의 죽음을 표상하며 행할 때 나는 나이다. 나는 없던 일로 되돌릴 수 없다. 그리고 이런 의미에서 나의 죽음이란 없다.

죽음은 지금 여기 있고, 나는 죽음에 대해 열려 있다. 죽음이 온다고 한다. 죽음은 나를 모든 모델의 피안으로 인도한다고 한다. 하지만 내가 행한 일, 내가 모델로 만든 것은 비록 죽음을 표상하기는 하지만 죽음과 아무런 상관이 없다. 내가 행한 일을 없던 일로 되돌릴 수는 없다. 이것이 나의 존엄이다. 행한 일을 없던 일로 되돌릴 수는 없다. 침대로, 침대로, 침대로 가자.

---

51 여기에서는 vorstellen(표상하다)과 그것이 유래한 stellen … vor … (앞에 세우다)라는 표현을 함께 활용하고 있다.

양탄자

Teppiche

산의 자궁인 동굴은 우리의 거소이다. 우리의 건물들은 얼마나 높든, 얼마나 기능적이든, 얼마나 열려 있든, 동굴의 모방이며 앞으로도 여전히 모방일 것이다. 우리의 공간들은 편안하면 편안할수록 더욱 동굴과 비슷하다. 우리의 이 혈거성은 한편으로는 역사학에서, 다른 한편으로는 심층심리학에서 입증된다. 그런데 동굴이 정말 인간 서식지의 기원일까? 그에 대한 대답은 "기원Ursprung"이라는 단어에 어떤 의미를 부여하는지에 따라 달라진다. 혈거인은 둥지 거주인의 후손이다. 그리고 동굴은 둥지에서 출발하여 인간이 되어가는 길 위에서 내디딘 한 걸음일 뿐이다. 인간에게 기원의 의미는 이를테면 말에게 기원의 의미와는 다르기 때문이다. 에오히푸스[52]라

52 정식 이름은 히라코테륨Hyracotherium. 약 6천만 년 전 북아메리카, 유

는 실제 기원이 되는 말[馬]은 있지만, 실제 기원이 되는 인간은 없다. 둥지(천막)이든 동굴(주택)이든 인간의 자연적인 거소는 아니다. 인간적인 것은 그 무엇도 자연적이지 않다. 우리에게 자연적인 것은 비인간적이다. 그럼에도 둥지와 동굴은 모두 인간적이기는 하지만 서로 대립된다.

여기서 묻고자 하는 것은 둥지와 동굴, 초원과 강, 목동과 농부, 천막과 주택의 변증법이다. 다시 말해 양탄자이다. 천막 문화에서 양탄자가 지니는 의미는 주택 문화에서 건축이 지니는 의미와 같다. 그렇지만 양탄자는 천막으로부터 초원을 가로질러 와서, 열린 창문을 통해 우리의 거소로 날아들었다. 이제 우리 거소의 바닥은 양탄자를 위한 밑받침이 되었다. 또한 양탄자는 가림벽이 되었다.

우리가 알고 있는 최초의 양탄자는 기원전 16세기 이집트에서 등장한다. 그것은 아시아의 초원이 강의 웅장한 건축에 기여한 것이다. 칭기즈 칸과 쿠빌라이 칸이 몽골에서 들고 온 양탄자는 중국과 인도의 대하 유역에서 대성공을 거둔다. 대大페르시아 계열의 티무르 제국은 두 강의 땅[메소포타미아]과 중앙아시아 초원과 파미르 고원의 종합으로 볼 수 있다. 우리의 역사철학에서 가치를 충분히 인정받지 못한 종합. 페루의 멋진 카펫은 여기서는 논하지 않는다. 콜럼버스 이전

럽, 아프리카 대륙에서 살았던 발굽 달린 포유류로, 현재까지 알려진 바로는 말과科 동물의 가장 오래된 조상으로 여겨진다.

시대의 모든 것이 그렇듯이 우리의 범주를 혼란에 빠뜨릴 테니.

고딕풍 양탄자 공예는 사막의 폭풍이 멀리서 우르릉거리는 것과 같다. 이 폭풍은 러시아 초원과 사하라 사막에서 불어와 봉건시대 성채들을 위협하며 그 벽에 그림자를 드리운다. 18세기의 고블랭 태피스트리는 페르시아와 중국의 전령처럼 갈라진 틈 사이로, 무너지는 서방 궁성들에 침입했다. 툰드라나 타이가에서 휘몰아치는 모험적인 바람의 마지막 잔재인 고블랭은 이제 몰락하는 프랑스 귀족들의 로코코풍 벽에서 길들여진 채 속삭인다. 그리고 이런 말이 맞는다면, 그러니까 우리의 양탄자가 죄다 노호하는 폭풍이 벽의 갈라진 틈 사이로 잠입하여 우리에게 속삭이는 것이라면, 소위 미술 전시회의 저 양탄자 르네상스는 어떻게 해석해야 하는가? 이런 말이 맞는다면, 양탄자는 전령일 뿐만 아니라 폭풍의 전조이기도 하기 때문이다. 이집트의 양탄자는 시나이 반도의 태풍의 증거일 뿐만 아니라 파라오 아케나톤의 증거이기도 하다. 고딕풍 양탄자는 셀주크 유목민의 증거일 뿐만 아니라 시모네 마르티니,[53] 심지어 루터의 증거이기도 하다. 고블랭은 30년 종교전쟁의 증거일 뿐만 아니라 프랑스혁명과 산업혁명의 증거이기도 하다. 오늘날의 양탄자는 무엇을 증언하는가? 어떤 폭풍이 양탄자를 가져와 우리의 벽에 투영하는가? 그것은 어떤 임박한 소용돌이를 예고하는가?

53 시모네 마르티니Simone Martini, ?1283-?1344. 이탈리아의 화가. 장식적인 화풍의 벽면용 혹은 제단용 성화聖畵를 주로 그렸다.

대답은 양탄자 자체 내에 숨겨져 있다. 양탄자는 씨줄이 날줄을 가리고 덮는 직물이다. 잘 짜인 모직 양탄자에서는 세련된 모직 매듭 덕분에 날줄이 평범한 실에 지나지 않는다는 사실이 숨겨진다. 양탄자 짜는 사람의 태도는 옷감 짜는 사람의 태도와 대립된다. 우리의 옷은 씨줄이 날줄을 부인하지 않고 표면으로 들어 올린 결과이다. 그에 반해 양탄자는 그 자신의 날줄을 부정하고 숨기면서 짜낸 결과이다. 옷감 짜는 기술과 양탄자 짜는 기술에 대한 이런 서술은 이 물건의 음모적인 정조, 심지어 기만적인 정조를 드러낸다. 양탄자 짜기는 표면이 바로 자신의 바탕인 날줄에 맞서는 데 참여하는 것이다. 이것이 바로 양탄자 직공이 그전에 꼼꼼하게 작성된 초안에 의지하는 이유인데, 이런 초안은 그것이 단지 가림벽일 따름이라는 사실을 잘 알고 있다. 양탄자를 짜는 동안 따라야 할 양탄자의 무늬는 종이나 사용 후 버리는 여타 재료 위에 매우 상세하게 밑그림으로 그려지는데, 이런 무늬는 자신이 버려질 것을 겨냥하여 만들어진 예술 작품이다. 양탄자를 제작하는 데에는 즉흥적인 몸짓이 있을 수 없다. 각각의 매듭은 사전에 면밀하게 계획된 것이다. 양탄자 짜기 자체는 물 흐르듯 흘러가기보다는 껑충껑충 뛰어가는 과정인데, 임시적인 모자이크를 보면 이런 도약을 예상할 수 있다. 그래서 예컨대 날줄에 초록 매듭, 다음으로 노란 매듭, 다음으로 빨간 매듭, 다음으로 파란 매듭과 같은 색상 순서로 매듭을 지을 수 있는데, 이때 예상되는 형태는 도약 과정이 완료된 후에야 비로소 눈으로 볼 수 있다. 양탄자가 불러일으키는 정적인 인상은 기만이다. 그런 인상이 생기는 원인은 이처럼 도약하는, 언뜻 보기에 우발적으로 보이는 기술의 바탕에 정적인 초안이 있기 때문이다.

양탄자 짜는 사람이 되어보려는 시도는 실패할 수밖에 없다. 오늘날 심리학자들은 심리치료로 이 일을 추천하기도 하지만, 사실 그런 추천은 미심쩍다. 물론 양탄자 짜는 사람은 손가락으로 털실을 능란하게 다루고 직조법에 정통한 것처럼 보이지만, 그 사람은 역설적인 방식으로 그렇게 한다. 그는 주어진 초안에 따라 재료에 개입하지만, 재료를 가려서 이 초안이 나타나게 한다. 양탄자 짜는 사람은 자신이 가공한 물건을 식별하기보다는 은폐하려 한다. 그는 가상을 바라는데, 이것은 아름다움을 의미할 뿐 아니라 거짓도 의미한다. 그는 아름다움의 힘으로 진실을 덮고자 한다. 그는 쇼펜하우어의 표상으로서의 세계를 의지로서의 세계에 대립시키는 데 참여한다. 요컨대 양탄자를 벽 앞에 거는 데 참여한다.

양탄자에 대해 이렇게 텀문함으로써, "양탄자는 어디로부터 불어오며, 어디로 우리를 휘몰아 가는가?"라는 앞서의 질문에 대한 답변이 나타난다. 양탄자는 진실이 의문시되어

온 저 영역들로부터 우리에게 차갑게 불어온다. 그러고는 우리가 진실을 잃었다는 사실을 아름다움과 가상이 감추는 저 광야로 불어간다. 양탄자는 훼손된 벽을 감추기 위해 벽에 걸린다. 현재의 문화적 상황을 이렇게 묘사한다 해도 그다지 틀린 것은 아니다.

나의 지도첩

Mein Atlas

지도첩이 아직 책으로 나오던 시절만 해도 손가락 몇 개로 세계를 넘길 수 있었다. 우리 할아버지는 우수에 젖어 그 이야기를 하곤 하셨다.[54] 할아버지는 예전에 그런 종류의 책 형태로 된 지도첩을 두 권 가지고 계셨다. 한 권은 할아버지의 "책상" 위에 있었다. 당시에 이 책상이라는 단어의 의미는 글자로 뒤덮을 백지가 있는 탁자라는 뜻이었다. 두 번째 지도첩은 그 당시에 "인쇄물"이라고 불리던 사물들 사이에 있었는데, 인쇄물이라는 단어의 의미는 기계로 검게 칠한 종이라는 뜻이었다. 우리 할아버지는 그 지도첩 두 권을 다양한 용도로 이용하셨다. 당시에 [작가인 할아버지에게] 이 "이용하다"라는

54 다음 연구에 따르면, 플루서가 여기에서 말하는 할아버지는 허구적 인물이다. Finger, Anke et. al., *Vilém Flusser: An Introduction*, University of Minnesota Press, 2011, p. xv.

단어의 의미는 [컴퓨터라고 치면] '인쇄 명령'이라는 뜻이었다. 첫 번째 지도첩은 작업에 쓸모가 있었고, 두 번째는 관조에 쓸모가 있었다. 우리 할아버지는 "작가"였다. 이는 당시에 [컴퓨터라고 치면] '텍스트 처리'를 하는 사람이라는 뜻이었다. 첫 번째 지도첩은 할아버지가 묘사할 사건의 장소를 정하는 데 이용됐다. 두 번째 지도첩은 모든 사건을 개관하는 데 이용됐다. 그리하여 할아버지는 두 권의 지도첩 덕분에 세계 속으로 가라앉는 동시에 다시 그 세계로부터 떠오를 수 있었다.

그러나 우리 할아버지는 자신의 시대에 이미 신뢰의 위기가 모든 지도첩을 좀먹기 시작했다는 점을 인정해야만 했다. 1569년의 메르카토르[55] 도법은 더 이상 신뢰하기 어려웠다. 그 도법은 땅들의 비율을 왜곡하기 때문이다. 그래서 1913년에 빈켈[56]은 왜곡이 덜한 투영법을 제안했다. 그의 투영법에 의하면 가령 라틴아메리카는 [메르카토르 도법과 달리] 그린란드보다 작지 않았다. 그러나 이런 정확성의 대가는 컸다. 메르카토르 도법은 전통적으로 신성시되기 때문이었다. 빈켈의 도법에서 북아메리카는 유럽 위쪽으로 기울어져

---

55 헤라르뒤스 메르카토르Gerardus Mercator, 1512-1594. 네덜란드의 지리학자. 1569년 그가 발표한 지도 투영법은 대항해시대 이후 가장 보편적인 지도 투영법으로 자리 잡았다. 현재까지도 벽에 거는 세계지도 등이 대부분 메르카토르 도법으로 그려진다.

56 오스발트 빈켈Oswald Winkel, 1874-1953. 독일의 지도 제작자. 1913년에 빈켈 Ⅲ 도법을 고안했다.

있는데, 이는 우리의 전통적인 지리 이해와 일치하지 않는다. 그런 이유로 1977년에 페터스[57]는 정반대 전략을 제안했다. 그 역시도 이전의 메르카토르와 마찬가지로 왜곡된 투영법을 고안했으나, 그 두 투영법은 서로 보완적이었다. 페터스의 투영법에서 아프리카와 남아메리카는 기다란 혀 모양이 되었고, 그 대신 아시아는 잉크 얼룩만 해졌다. 그렇게 연이어 나타난 투영법들은 지구 표면을 항상 터무니없게 형상화했다. 하지만 사람들은 그것을 알아차리지 못했다. 사람들은 구면을 평면으로 옮기는 데서 생기는 기술적인 문제라고 생각했다. 믿기지 않겠지만 그 당시 사람들은 유럽에서 미국으로 가려면 북극이 아니라 대서양을 가로질러 비행해야 한다고 믿었다.

우리 할아버지는 지도첩의 이런 순진함이 20세기 말 무렵에 어떤 식으로 무너졌는지에 대해 말씀하셨다. 문제는 기술이 아니라 의미에 있음이 명백해졌다. 그리하여 지도첩을 지탱하던 합의는 사라지고 지도첩은 동시에 여러 방향으로 파열하기 시작했다.

그중 한 방향은 지도첩의 색상이 다채로워진 것이다. 바다는 더 이상 단조로운 파란색이 아니다. 해저 지형의 고저가 여러 가지 파란 색조로 표현되기 시작했다. 대영제국도 더 이상 단조로운 붉은색이 아니다. 대륙은 산, 계곡, 숲, 사막

57 아르노 페터스Arno Peters, 1916-2002. 독일의 지질학자, 사학자. 1974년에 페터스 도법을 고안했다.

을 묘사하기 위해 녹색, 노란색, 갈색, 회색으로 바뀌었다. 지도첩을 판독하려면 색상 약호를 익혀야 했다. 또 다른 성가신 점이 생겼는데, 독립하는 나라가 점점 더 많아져서 나라마다 고유의 색상이 필요해진 것이다. 이로 인해 어처구니없게도 새로운 상상력을 발휘할 필요가 생겼다. 색상의 혼란에서 벗어나려면 지리적 지도 위에 정치적 지도를 겹치는 심안이 있어야 했다.

파열의 또 다른 방향은 지도첩이 클로즈업되기 시작한 것이다. 미국 지도 다음에는 뉴욕주, 맨해튼, 센트럴 파크, 그리고 거기 있는 연못들이 차례로 클로즈업되었다. 이는 놀라운 결과를 낳았다. 지도첩을 보려면 이제 책장을 넘기는 것이 아니라 쪽 번호를 따라가야 했다. 예를 들어 미국 지도에서 센트럴 파크의 연못으로 곧장 건너뛸 수는 없고 뉴욕주를 거쳐야 했다. 그리고 그 과정에서 기호와 상징의 위기가 명백하게 의식되었다. 미국 지도에서 "강"을 의미하는 선이 센트럴 파크 지도에서는 "보행로"를 뜻한다. 그 결과로 사람들은 더 이상 지도첩을 믿지 않았다. 지도첩은 이제 지구 표면의 묘사가 아니라 상징의 맥락으로 읽혔다. 파열의 세 번째 방향은 지도 겹쳐보기였다. 이를테면 프랑스를 중국 안에 그려 넣음으로써 상대적 규모를 직관적으로 보이는 것이다. 그렇게 함으로써 지도첩을 보는 중국인과 프랑스인은 서로 다른 느낌을 받았지만, 양자 모두 지도의 근본은 지구 표면이 아니라 영화 기술이라는 것을 명확히 알게 되었다. 또 다른 방향으로는 역사가 지리 안으로 파열해 들어와 역사 지도첩들이 생겨났다. 그래서 일련의 이탈리아 지도는 첫 부분에 고대 이탈리아인들의 반도 침략이 그려졌고, 마지막에는 20세기 말 이탈리아 공화국의 행정구역이 그려졌다. 이를 위해서는 지도 상징의 혁명이 필요했다. 예컨대 "수도원", "전투", "노동자 봉기"를 위한 기호가 필요한 것이다. 그리고 이러한 지도들의 의도는 지리에 역사를 덧입히려는 것이었다. 그러나 결과는 의도와 정반대였다. 그러한 지도의 약호를 해독하는 사람은 더 이상 역사 안에 있는 것이 아니라 역사에 맞서는 것이었다. 그는 책장을 넘기며 역사를 훑어보고, 역사를 약호로 인식할 수 있었다. 탈역사가 시작된 것이다.

우리 할아버지는 이를 이해하는 데 어려움을 겪었다고 말씀하셨다. 할아버지는 이런 지도첩을 넘기면서 역사가 흘러가는 것이 아니라 넘겨볼 수 있게 되기 시작했음을 깨달으셨다. 역사는 이제 조야한 영사기로 상영되는 영화처럼 보였다. 사건들이 뚝뚝 끊기는 장면들로 잘게 부서지기 시작한 것이다. 그래서 할아버지는 지도첩의 종잇장들을 뜯어내어 카드놀이를 하듯 가지고 놀면 어떨까 하는 아이디어를 떠올리셨다. 할아버지는 카드를 섞어서 가령 중세 이탈리아를 갈리아 시대의 프랑스와 페르시아 전쟁 시대의 그리스 사이에 끼우셨다. 한마디로, 역사를 가지고 놀기 시작하셨다.

하지만 그것은 시작에 불과했다. 예를 들면, 유럽 중심주의에 반대하여 나이지리아의 역사 지도를 제작하려는 시도가 있었다. 그 효과는 그야말로 우스꽝스러웠다. 이를 통해 알게 된 것은, 비유럽 국가들의 역사 지도는 모두 상징이 너무 부족해서 지도가 순전히 하얀 부분들로 이루어진다는 사실이었다. 이것을 해결하기 위해 모든 지도의 기원이 유럽이기 때문이라고 설명할 수 있었다. 그러나 그것은 좋은 설명이 아니었다. 그 설명으로는, 그러면 왜 나이지리아 사람들은 과거에 지도첩을 제작하지 않았는지 해명할 수 없기 때문이었다.

파열의 또 다른 방향을 이루는 것은 이른바 백과사전식 지도첩이었다. 그 지도첩의 지도에서는 이를테면 지구 위 인간의 분포 같은 구조들을 볼 수 있었다. 이런 지도는 이제 킬로미터가 아니라 인구수를 기준으로 작성되었다. 그에 따라 중국은 지구 표면 사 분의 일을 덮게 되었고, 인도는 미국보다 세 배 커졌다. 색상 약호에도 새로운 의미가 부여되었다. 녹색은 인구 성장이 정체 중이라는 의미였고, 갈색이 될수록 인구가 더욱 폭발하고 있다는 의미였다. 우리 할아버지는 그 지도첩 때문에 얼마나 놀랐는지 이야기해 주셨다. 그 지도첩에서는 남쪽의 나라들이 북쪽의 나라들을 삼켜버리는 것처럼 보인 것이다. 더욱 끔찍한 것은 경제 지도, 군사 지도, 기술 지도였다. 우리 할아버지는 어디에서 기근의 낌새가 보이는지, 어디에서 전쟁이 발발하기 직전인지, 어디에서 종교 분쟁이 타오르는지 목도하셨다. 그 효과는 사건들과 거리를 두는 것, 사건들로부터 빠져나오는 것이었다. 그 효과는 휴머니즘의 죽음이었다.

새로운 상상력이 자라났다. 이제 사람은 사람들 사이에 있는 것이 아니라, 다른 사람들을 약호화하여 지도첩의 내용으로 만들게 된 것이다.

할아버지는 새로운 지도첩 때문에 황홀감과 두려움이 동시에 엄습했다고 말씀하셨다. 두려움의 이유는, 사람들이 지도첩에서 그리고 세계에서 방향을 설정하려면 점점 더 많은 약호를 익혀야 하고, 이런 과도한 약호화 때문에 혼란에 빠지는 것을 두려워할 수밖에 없기 때문이었다. 황홀감의 이유는, 지도첩에서 형형색색의 새로운 상상력이 어떻게 역사적이고 지리적인 사유가 띠는 회색의 단조로움을 능가하는지 볼 수 있기 때문이었다. 여기서 우리 할아버지는 기묘한 고백을 하셨다. 물론 할아버지는, 색상이 다채롭고, 종잇장을 쉬이 뜯을 수 있고, 가지고 놀기 좋은, 새로운 지도첩을 좋아하셨다. 그런 지도첩은 21세기로 난 창문이었기 때문이다. 하지만 방향을 설정하고자 할 때면 좀 부끄러워도 옛 메르카토르 지도를 집어 들었다는 것이다.

할아버지와의 이런 대화는 내가 나의 지도첩을 다룰 때 나를 즐겁게 한다. 어떤 버튼을 누르면 사계절의 센트럴 파크가 어느 각도에서나 화면에 출현한다. 봄 버튼을 누르면 벚꽃이 보인다. 식물학 버튼을 누르면 벚꽃이 확대되어 보인다. 홀로그램 버튼을 누르면 개화하는 벚꽃 나무가 내 안락의자 앞에 나타난다. 다시 상위 메뉴로 돌아가면 17세기의 센트럴 파크가 출현한다. 보도를 걷는 한 숙녀는 가발 위에 기묘한 모자를 쓰고 있다. 나는 알맞은 버튼을 눌러서 그 모자가 생산된 작업장을 본다. 나는 모자의 모델을 뒤쫓아 15세기로 거슬러 올라갔다가 미래의 26세기로 나아간다. 비로소 나의 지도첩은 센트럴 파크 부분을 막 넘긴 것이다.

나 자신의 상상력은 할아버지의 상상력보다 더 넓고 더 깊다. 예를 들면, 나는 내가 자유롭게 꾸며낸 벚꽃, 숙녀, 숙녀의 모자 및 아직 존재하지도 않던 것을 센트럴 파크 안에 투영할 수 있다. 그렇게 하여 나의 센트럴 파크는 우리 할아버지가 지도첩에서 보셨던 저 센트럴 파크보다 더 흥미로워질 뿐만 아니라 맨해튼 주민들이 산책한다고 여기는 저 모든 센트럴 파크보다도 더 흥미로워진다. 지도첩과 센트럴 파크 사이의 관계는 전도되었다. 지도첩이 센트럴 파크를 묘사하는 것이 아니라 센트럴 파크가 나의 지도첩을 묘사한다. 적어도 내게는 나의 지도첩이야말로 저기 바깥의 어떤 공간이나 시간보다도 더 현실적이다. 그럼에도 나는 왜 혀에서 씁쓸한 뒷맛을 느끼는가? 지도첩이 아직 책으로 나오던 시절은 얼마나 좋았을까.

지레

Der Hebel

받침점을 찾아낸 사람은 세계를 들어 올려 이음매에서 어긋나게 할 수 있다. 이것이 지레의 원리이다. 이 원리를 처음 생각해낸 것은 아르키메데스가 아니라, 아무리 늦어도 네안데르탈에 살던 그의 선배이다. 그리고 여기 이 글은 그에 대해 숙고하고자 한다. 이것이 어떤 고상한 의도이며 어떤 숭고한 것으로 이어지리라 생각할 수도 있겠다. 지레라는 단어가 이미 그렇게 암시하고 있으니 말이다.[58] 아쉽게도 그런 기대는 일거에 부정할 수밖에 없다. 지레는 소위 단순한 기계이기 때문이다. 그러니까 지레를 다루는 사람은 기계장치와 관계하는데, 이는 주지하다시피 고귀하지 않다. 따라서 이 글의 취

58 독일어 erhebend(고상하다), das Erhabene(숭고한 것), Hebel(지레)은 모두 중세 고지高地 독일어의 hebel(들어 올리다)을 어원으로 공유한다.

지를 고백해야 하겠다. 그것은 지레로부터 인류사 전체를 풀어내려는 시도이다. 이는 고상하지는 않지만 흥미로운 역사이다. 그리고 여기에선 숭고는 별로 이야기하지 않지만 저열[낮음]과 고무[올림]는 많이 이야기한다. 이 글은, 지레를 낮은 데로부터 위로 올리는 기계로 간주한다면, 즉 사람이 되기 위한 기계로 간주한다면 어떤 일이 일어날지 살펴보기 위한 것이다.

지레는 기계이다. 기계Maschine라는 단어는 (기계장치Mechanik[59]라는 단어와 마찬가지로) 그리스어의 메카니케mechaniké에서 유래했는데, 이는 대략 "계략의 장치"라는 의미이다. 간계Machination라는 단어가 그 의미를 보여준다. 예를 들어 트로이 목마, 그러니까 트로이 사람들이 걸려든 함정이 그런 것이다. 트로이 목마를 고안한 오디세우스는 폴리메카니코스polymechanikos라고 불리는데, 이는 "계략이 많은 자"로 번역된다. 그러므로 기계장치는 계략에 빠뜨리는 전략이다. 지레를 보면 기계장치가 무엇을 계략에 빠뜨리는지 알 수 있다. 그것은 바로 물체의 무게이다. 이는 동양 무술의 전략을 연상시킨다. 가령 유도가 그런데, 여기에서는 적의 힘이 바로 이 적에게 돌아가게 만들려고 한다. 기계장치는 자연의 물리 법칙을 교활하게 돌려냄으로써 자연을 극복하고자 한다. 기계장치의 세계관을 지닌 사람은 교활하게 눈을 껌뻑이는 사

59 Mechanik은 문맥에 따라 "기계장치", "기계학", "역학"으로 옮긴다.

람이다.

(우리가 취소될 때까지는 거주하는) 여기 지구에서는, 인간의 육체를 비롯한 온갖 물체는 무게가 있다. 그것들은 모조리 지구의 중심으로 내려오기를 지향한다.[60] 이에 비해 천체들은 그렇게 아래로 내려오기를 지향하지 않고[저열하지 않고] 영원하고 고귀한 궤도를 가는 듯하다. 그렇지만 뉴턴 이래로, 우리는 천체들도 모든 다른 것과 마찬가지로 떨어질 수 있음을 안다. 우리는 어느 아름다운 날(혹은 아름답지 않은 날) 지구라는 행성이 태양에 떨어질 것을 안다. 뉴턴에게 떨어진 사과처럼. 뉴턴은 천상의 역학과 지상의 역학을 통합하는 데 성공했다. 그래서 지구를, 그리고 지상의 모든 물체를 천체로 변화시킨 것이다. 그 이후로 지상에 천국을 만들기 위해 참여할 필요가 없어졌다. 뉴턴이 이미 만들어 두었기 때문이다. 다만 하늘에서도 (땅에서처럼) 만물은 아래를 지향한다[저열하다]. 모든 것은 언젠가는 우발적으로 낙하하는 법이다.

비트겐슈타인의 관점도 이처럼 역학적이었다. 그는 세계가 낙하하는 것들의 총체라고 여긴 것이다. 그런 이유에서 그는 암묵적으로 (네안데르탈인이나 아르키메데스나 뉴턴처럼) 세계를 들어 올려 이음매에서 어긋나게 할 수 있다고 생각한다. 다만 비트겐슈타인은 낙하의 다양한 종류를 구별해야 한다는 것을 잊었다. 지구가 태양에 떨어지는 것은 사과가

60 "내려오기niederkommen를 지향한다trachten"는 표현은 저열[낮음]을 뜻하는 Niedertracht와 연계된다.

뉴턴에게 떨어지는 것과는 다른 종류의 낙하이다. 첫 번째 낙하는 필연적 우연이라고 할 수 있지만, 두 번째 낙하는 불쾌한 사고라고 할 수 있는데, 이 사고는 나아가 천재적 착상으로 이어졌던 것이다. 한편, 인간의 추락도 사뭇 다른 종류의 낙하에 넣어야 할 듯하다. 유대-기독교 전통에서는 원죄를 이야기하고, 플라톤 역시 우리가 이데아의 왕국으로부터 아래로 떨어진 존재라고 생각한다. 이쯤에서 우리가 낙하라는 말로 허튼소리를 늘어놓고 있다는 이의가 제기된다.[61] 태양과 사과의 낙하는 문자 그대로 낙하이지만, 우연, 착상, 원죄는 모두 은유라는 것이다. 달리 말해서, 역학은 태양과 사과에는 관련되지만, 착상과 죄에는 관련되지 않는다는 것이다. 이는 그럴듯하게 들리지만 그렇게 단순한 문제가 아니다. 어떤 체스 인공지능은 체스를 둘 때 이 글의 필자보다 더 나은 착상을 한다. 그러니까 착상은 기계장치화할 수 있다. 또한, 기술의 발전 때문에 죄에 빠지는 로봇을 상상할 수 있다. 처음에는 도둑질이나 거짓말 같은 가벼운 죄를, 나중에는 심지어 성령훼방죄를 범할지 모르는 로봇을 상상할 수 있다. 그러므로 낙하라는 단어가 문자 그대로 적용되든 은유적으로 적용되든 간에 여전히 유효한 사실이 있다. 그것은 역학이 모든 낙하를 관할한다는 것, 그리고 우리가 지레의 받침점만 찾아낼 수 있

61 저자가 '낙하'를 뜻하는 Fall이라는 단어가 포함된 Zufall(우연), Unfall(사고), Einfall(착상), Sündenfall(원죄) 등으로 일종의 언어유희를 하고 있다는 이의를 뜻한다.

다면 지레는 온 세상을 들어 올려 이음매에서 어긋나게 할 수 있다는 것이다.

이 글은 기계적인 것에 끈질기게 천착하기로 한 바 있다. 그래서 이 글에서는 인간의 추락을 원죄로 보지 않을 것이다. 그보다는 좀 더 축자적으로, 약 이백만 년 전 아프리카 동부에서 나무 우듬지로부터 초원으로 추락한 일로 볼 것이다. 예를 들어 이렇게 상상할 수 있다. 아프리카 동부의 나무 우듬지에서 유인원들이 이리저리 뛰어다닌다. 그들은 물론 무게가 있고 따라서 저열한[아래를 지향하는] 육체이다. 그렇지만 그들은 자신의 저열함[아래를 지향함]을 극복한다. 나뭇가지를 꽉 붙들고 곡예사처럼 나무에서 나무로 훌쩍 건너뛰기 때문이다. 그러고 나서 이백만 년 전에 (니체의 표현으로) "날마다 더 추워지고" 나무들은 점점 드물고 점점 성글어졌다. 복잡한 확률 계산을 하지 않더라도, 곡예사처럼 나무에서 나무로 훌쩍 건너뛰는 유인원들이 점점 자주 떨어졌을 것임을 알 수 있다. 그렇게 도약하다가 일어나는 사고는 차츰 우연에서 필연이 된다. 이런 일련의 도약 실패가 인류의 기원이다.

그래서 우리는 깊이 추락한 저열한 원숭이다. 우리는 원숭이가 무겁게 추락한 것이다. 물론 이것은 인간의 추락을 그야말로 모욕적으로 단순화한 것이지만, 아우슈비츠 이후로는 꽤 설득력 있게 들린다. 그러나 그렇다고 인류 역사가 종말을 맞이한 것은 아니다. 물론 이백만 년 전 당시 추락하면서 대부분은 척추가 부러졌을지도 모르지만, 우리 자신이야말로 그중 일부가 살아남았다는 증거인 셈이다. 우리는 적자생존에 의거해 무슨 일이 벌어졌는지 상상해 보아야 한다.

첫째로, 우리는 추락한 유인원들이 흔치 않은 예외였다는 점을 염두에 두어야 한다. 사람으로 되는 이들이, 이를테면 우박처럼 후두둑 쏟아진 것은 아니다. 사람이 되는 것을 이런 강수降水 같은 것으로 여겨서는 안 된다. 그럼에도 불구하고 인간의 몸처럼 그렇게 무게 있는 물체가 초원에 떨어져 충돌한 것은 너무 강력해서 틀림없이 온 생태계가 진동했을 것이다. 이 충돌의 여운은 녹색당원들이 외치는 경계경보에서 아직까지 울리고 있을 것이다. 마치 빅뱅의 여운이 우주의 배경 소음으로 울리는 것처럼. 이제 생존자는 육십억 명에 달하므로 당시의 그 희소성은 거의 체감하기 어렵다. 그 당시엔 각 개인이 엄청난 예외였을 테고, 초원에 거대한 흔적을 남겼을 것이다. 지레를 발명한 것도 그런 엄청난 예외였을 것이다. 우리가 수십만 명씩 광장에 모여서 손바닥을 펴거나 주먹을 쥔 채 하늘을 향해 팔을 치켜 올려 울부짖고, 경찰관을 태운 말 한 마리 한 마리가 이 울부짖는 무리 전체보다도 우뚝 솟은 작금에 이르러, 우리는 지레를 발명한 천재성을 더 이상 체험할 수 없다. 인플레이션에서처럼 가치가 박탈된 우리는 더 이상 지레의 발명을 제대로 평가할 수 없다.

둘째로, 추락한 이의 당시 처지를 숙고해야 한다. 등을 대고 누운 그는 신생아가 아니라 풍뎅이처럼 버둥거렸다. 신생아라면 그 위에 떠 있는 초월적인 부모의 손이, 이 추락한 이가 여러 달이나 여러 해에 걸쳐 천천히 일어서서 "호모 에렉투스"[직립 원인猿人]가 되는 것을 도왔을 것이다. 그렇지만 이 원시인 위에 떠 있는 곡예사 같은 원숭이들의 사랑은 추락한 이에게 어서 스스로 곤경에서 벗어나라고 종용하는 데에 그친다. 그러나 추락하여 사람이 되는 이는 풍뎅이처럼 여섯 개의 다리로 버둥거리는 것이 아니라 팔과 다리로 버둥거리고, 양팔에는 각각 독특한 다리를 다섯 개씩 가진 거미[손]가 달렸다. 이 두 마리 거미는 추락한 자신의 주위를 손가락으로 만지작거리고 여기저기 건드리고 더듬거리고 잡고 무언가(예컨대 막대기)를 움켜쥐고, 이 움켜쥔 막대기를 이리저리 돌리고 뒤집고 사용하고 지레로 이용하여 자신의 처지로부터 스스로를 들어 올렸다. 그러나 손Hand과 행위Handlung에 대한 이 현상학적인 서술은 인류의 모든 역사, 모든 과학과 기술, 모든 예술, 모든 문화, 그리고 아마도 모든 가치의 핵심을 서술할 것이다. 다른 것은 모조리 주석에 불과하다.

이런 글에는 제한이 있어서 주석을 달 수 없다. 그래서 인류사의 핵심, 즉 막대기를 지레로 이해한 일만 서술할 수 밖에 없다. 깊이 떨어진 데다 무거운 육체에 무겁게 시달리는 원숭이는 이해했다. 지레 같은 기계를 제작해 마치 목발처럼 스스로를 들어 올린다면, 저열한 처지로부터 스스로를 고무할 수 있음을. 그는 저 막대기 같은 다른 물체에 힘입어 자신의 저열한 육체성을 눈가림할 수 있음을 이해했다. 사람이 되는 일은 자신의 육체성을 눈가림하고 그로부터 스스로를 고무하여 자기 자신을, 나아가 온 세계를 들어 올려 이음매에서 어긋나게 할 수 있음을 이해하는 일이다.

이제 인류 역사에 대한 이런 기계적 관점을 가지고 실제 일어난 일을 고찰해 보면 좌절할 수도 있다. 실제로는 지레로 자신을 들어 올리려는 시도들이 줄줄이 실패한 것을 보기 때문이다. 사람들은 되풀이하여 시도하면서, 더욱 완벽한 지레나 가중기, 여타 들어 올리는 기계들을 제작한다. 그리고 그들은 높이 올라갈수록 더욱 저열하게 바닥으로 추락한다. 우리의 세기는 특히 인상적인 몇몇 추락을 목도하고 있다. 이로부터 도출할 수 있는 하나의 결론은, 모든 혁명은 기술 혁명이라는 것이다. 추락 후에는 언제나 새로운 기계를 제작하는 것이 중요하기 때문이다. 그리고 이로부터 도출할 수 있는 또 다른 결론은, 기술 진보, 나아가 진보 그 자체, 역사, 인간 그 자체에 근본적으로 무언가 잘못된 것이 있다는 결론이다.

우리는 아직도 저열하게 바닥에서 버둥거리고 있으며, 아프리카 동부의 초원, 네안데르탈, 아르키메데스 이후로 아무런 진전을 이루지 못했기 때문이다.

지레 때문이다. 지레를 얹을 받침점을 먼저 찾지 못한 채 저열함으로부터 자신을 들어 올리고자 지레를 만드는 것은 쓸모없는 일이다. 그러나 그러한 받침점 자체는 기계장치의 관할 내에 있을 수 없다. 모든 기계, 그리고 교활하고 기계적인 모든 전략은 이러한 받침점 같은 것이 앞서 존재함을 상정하기 때문이다. 받침점은 기계장치를 초월한다. 그래서 지레에 대한 이 숙고는 이렇게 다소 우울하게 끝난다. 인간에 대한 기계적 관점이 어떻게 귀결되는지 보기 위해 이런 글을 쓴다면, 기계장치를 초월하는 전제들에 부딪힌다. 아마도 아우슈비츠 이후에 인간학을 쓰고자 하는 모든 시도가 그럴 것이다. 우리는 어떻게 하더라도 결국 어떤 초월적인 것에 직면하지만, 이것은 작동하지 않으므로 의지할 수 없다. 하지만 우리는 받침점 없이도 저열함에 맞서 스스로를 고무해야 한다. 이 글은 이런 "하지만"에 바친다.

바퀴

Räder

나치즘의 비교적 영속적인 결과 중 하나는 하켄크로이츠[갈고리십자]의 키치화化이다. 만만치 않은 성과이다. 이 기호가 인간 의식에 깊이 자리 잡고 있다는 것을 생각하면 이런 키치화는 상당한 성과인 것이다. 이 기호는 인간 의식 깊이 자리 잡고 있다. 너무 깊숙이 있어서 그 깊음에 비하면 대서양조차 얕아진다. [대서양 양안의] 켈트족과 아즈텍족의 스와스티카[만자문卍字文]가 거의 같아 보이는 만큼. 이 글은 이 기호를 숙고하려 한다. 하지만 그 전에 방법론부터 언급해야 하겠다.

사물은 적어도 두 가지 방식으로 바라볼 수 있다. 관찰하는 것과 읽는 것이다. 사물을 관찰할 때는 사물을 현상으로 본다. 예를 들어 하켄크로이츠의 경우에는 서로 십자가처럼 교차하는 두 개의 각목을 보고 그것들 끝에서는 갈고리를 본다. 사물을 읽을 때는 사물이 어떤 것을 의미한다고 전제하고서 그 의미를 해독하려 한다. (우리는 세계를 어떤 책, 즉 "자연이라는 책"으로 보고 그것을 해독하려고 노력해 왔기에, 전제 없는 자연과학은 불가능했다. 그런데 우리가 세계를 읽는 것이 아니라 관찰하기 시작한 이래로 세계는 무의미해졌다.) 그러므로 하켄크로이츠를 읽는 방식으로 접근한다면, 바퀴통으로부터 솟아나 갈고리 방향으로 회전하는 네 개의 바퀴살을 본다. 그리고 그 갈고리들은 원을 그리기 시작한다. 그렇게 읽는 시선에서 이 기호는 이렇게 발언한다. "나는 태양륜이다. 나는 빛을 발한다."

여기에서 이 글을 쓰게 된 동기를 밝혀야겠다. 산업화 이후의 상황을 고찰해보자면, 바퀴가 느리지만 시시각각 사라지는 데에서 깊은 인상을 받는다. 전자 장치들에서는 이제 [톱니] 바퀴가 재깍거리지 않는다. 앞서 가려는 사람은 이제 바퀴 대신 날개를 탄다. 그리고 언젠가 생명공학이 기계공학을 능가하면 기계는 바퀴가 아니라 손가락, 다리, 생식기를 갖게 될 것이다. 아마도 원으로서의 바퀴는 이제 많은 다른 곡선들과 동등해지려는 참이다. 그래도 이처럼 바퀴의 몰락이 널리 퍼지기 전까지는, 이 최후 순간에 처한 바퀴의 심원한 불가해성을, 아직은 (그리고 키치화에도 불구하고) 태양륜

이미지로부터 끌어내어 읽어야 할 것이다.

이 이미지는 기표로부터 기의를, 즉 스와스티카로부터 태양을 가리킨다. 태양은 빛나는 원반으로서 지구 주위를 회전한다. 그렇지만 이 궤도 중에서 위쪽 반원, 즉 일출부터 일몰까지의 위쪽 반원만 보일 뿐, 아래쪽 반원은 어두운 신비에 싸여 있다. 모든 위상에서 무한히 반복되는 이 영원한 회전은 철두철미 반反유기적이다. 생명의 영역에는 바퀴가 없으며, 구르는 것은 돌과 베어낸 나무토막뿐이다. 게다가 삶은 하나의 과정이어서, 탄생부터 죽음까지 선분을 그리며 소멸해 간다. 하지만 태양륜은 비단 삶에만 모순될 뿐 아니라 죽음에도 모순된다. 태양륜은 신비롭게 일몰을 구부려 일출로 되돌린다. 이처럼 태양륜은 삶과 죽음을 극복한다. 그리고 온 세계가 이 바퀴 아래 있는 것으로 보인다. 이 바퀴야말로 비로소 세계를 보이게 하기 때문이다. 세계를 그렇게 보면, 세계는 그렇게 보인다.

세계는 인간과 사물이 서로 관계 맺는 하나의 장면, 인간과 사물의 서로에 대한 위치가 변화하는 하나의 장면이다. 회전하는 시간인 태양륜은 모든 것을 옮기고 모든 것을 다시 걸맞은 자리에 둔다. 모든 움직임은 인간과 사물이 서로에게 저지르는 죄, 영원히 회전하는 질서에게 저지르는 죄이다. 시간은 회전함으로써 이 죄를 벌하고 인간과 사물을 다시 걸맞은 자리에 둔다. 그런 까닭에 사람과 사물에는 본질적 차이가 없다. 둘 다 무질서를 일으키려는 욕망으로 살아 숨 쉰다. 둘 다 시간에 의해, 그리고 시간과 더불어 자신들의 위반에 대한 판결을 받는다. 이 세계의 만물은 움직이기 때문에 살아 숨 쉬는데, 이렇게 움직이려면 어떤 동기가 있어야 한다. 그리고 시간은 재판관이자 집행자이다. 시간은 세계 안에서 회전하고 만물을 바로잡으며 만물을 환형轘刑에 처한다.[62] 인류는 죄와 벌과 영원회귀라는 이 정조 속에서, 즉 태양륜의 기호 아래서, 이 지상에 현존하는 대부분의 시간을 근근이 살아왔다.

회전하는 운명의 바퀴에 맞서 일어서려던 인간들은 언제나 있었다. 그러나 그렇게 하는 것은 그 운명을 더 자극할 뿐이었다. 오이디푸스는 어머니와 잠자리를 하지 않으려 했으나 바로 그 때문에 그렇게 하게 되었고 자기의 두 눈을 뽑아버려야 했다. 그리스인들은 이것을 "영웅주의"라고 불렀다. 소크라테스 이전의 그리스 철학자들은 외부로부터(초월성으로부터) 바퀴를 극복하고자 했다. 그들은 바퀴가 회전하려면 그 자체에 동기, 즉 동자動者가 있어야 한다고 여겼다. 그 후 아리스토텔레스에 의해 다소 정교해진, 시간의 배후에 있는 이 부동의 원동자原動者, 즉 그 자신은 동기가 없는 동기를 빼놓고 서양의 신 개념을 생각할 수는 없다.

62 바퀴Rad로 내리는 형벌인 환형rädern은 본래는 수레를 굴려 죄인의 몸을 찢는 형벌을 뜻하지만, 여기에서는 문맥상 죄인의 몸을 바퀴로 삼아 영원히 굴려가는 (가상의) 형벌을 의미한다.

그러나 소크라테스 이전의 그리스 철학자들보다 훨씬 이전의 메소포타미아에는 사뭇 다른 종류의 영웅주의가 있었다. 수메르 성직자의 입장이 되어보자. 성직자는 텔[63] 위에 앉아 회전하는 바퀴들의 세계를 해독하고자 했다. 그는 탄생, 죽음, 환생을 보았고, 죄와 벌을 보았으며, 낮과 밤, 여름과 겨울, 전쟁과 평화, 풍년과 흉년을 보았고, 이 모든 위상이 어떻게 맞물려 순환하는지를 보았다. 성직자는 이러한 원들과 주전원들로부터 가령 점성술로 미래를 알아낼 수 있었다. 그것은 이 미래를 예방하기 위해서가 아니라 예언하기 위해서였다. 그러다가 운명의 바퀴와 반대 방향으로 돌 수 있는 바퀴를 만들자는 전대미문의 생각이 문득 떠올랐다. 그 바퀴를 유프라테스강에 설치하면 강물을 반대 방향으로 돌려서, 강물이 바다가 아니라 운하로 흐르게 할 수 있을 터였다. 현재의 관점에서 보면 기술과 관련한 생각이다. 그러나 그 당시의 관점에서 보면 이제는 [그 위력을] 체감할 수도 없을 만한 하나의 돌파였다. 바퀴의 발명은 선사시대의 마술적 회전을 돌파하고 운명을 부쉈다. 바퀴의 발명은 역사라는 새로운 시간 형식을 위한 장을 열었다. "대변동Katastrophe"이라는 이름에 걸맞은 것이 있다면 그것은 바로 물레바퀴의 발명이다.

그러나 우리는 철학적 도취에 사로잡혀 바퀴의 그다음 발전을 좇는 것을 게을리해서는 안 되겠다. 그러니까 방앗

63 고대 유적의 건축 잔해들이 묻혀서 생기는 언덕으로, 중동 지역에서는 ('텔아비브'처럼) 지명의 일부를 이루기도 한다.

간으로 가져갈 곡식이 실린, 당나귀가 끄는 저 수레를 주시하는 것을 게을리하면 안 되겠다. 이 장면은 영웅적이고 창의적인 성직자가 등장하는 이전 장면과는 사뭇 다르다. 이 장면은 역사의 한가운데에 있으며, 신화보다는 산업혁명에 더 가깝다. 차바퀴,[64] 즉 수레에 달린 저 바퀴의 개념은 전적으로 역사적 의식 덕분에 생겼으며, 역사가 체험되는 곳에서만 생길 수 있다. 이것은 다음과 같은 의미이다.

물레바퀴를 그것의 위치에서 끌러내고 툭 밀어본다고 상상해 보자. 그러면 물레바퀴는 원래는 무한히 긴 시간 동안 무한히 먼 공간을 굴러가야 할 것이다. 이것이 바로 "역사", 즉 무한히 길고 무한히 먼 굴러감이다. 그러나 그렇지 않다는 것이 밝혀진다. 즉, 동력이 필요하다는 것이 밝혀진다. 그러니까 바퀴가 계속 구르도록 끊임없이 새롭게 끌어줄 당나귀가 필요하다. 차바퀴는 동력바퀴[65]이지, 자동기관[66]이나 영구운동기관이나 영구 피동자被動者일 수 없다는 사실은 어떻게 설명할 수 있을까? 차바퀴에 대한 생각만으로는 설명할 수 없다. 바퀴는 원이고, 그러므로 언제나 단 하나의 점에서 길과

64 독일어 Fahrrad는 '자전거'를 의미하지만, 여기에서는 fahren(타고 가다)과 Rad(바퀴)의 합성어로서 문자 그대로 모든 탈것에 달린 바퀴를 뜻하므로 "차바퀴"로 옮긴다.

65 독일어 Motorad는 '오토바이'를 의미하지만, 여기에서는 어떤 동력Motor으로 움직이는 바퀴Rad를 뜻하므로 "동력바퀴"로 옮긴다.

66 독일어 Automobil은 '자동차'를 의미하지만, 여기에서는 최초의 추동력만 주면 더 이상 외부에서 주어지는 동력 없이도 "자동적으로auto 움직이는mobil" 기관을 뜻하므로 "자동기관"으로 옮긴다.

접한다. 그런데 점은 영零차원이자 무이기 때문에 바퀴는 그것이 굴러가는 현실과 결코 접하지 않으며, 따라서 어떤 식으로든 현실에 영향을 받아서는 안 된다. 그럼에도 불구하고 바퀴는 사실 위험하고 거슬리는 세계에 몸을 문지른다. 그리고 계속 굴러가려면 당나귀가 끌어야 한다.

차바퀴 문제에 대해 서술하면서 우리가 신화적인 태양륜의 세계로부터 얼마나 멀리까지 왔는지 생각해 보자. 신화의 세계와 우리의 세계의 근본적 차이점은, 신화의 세계에는 동기 없는 운동이 있을 수 없다는 것이다. 신화의 세계에서 무엇인가 움직인다면 그 이유는 어떤 동인이 있기 때문이다. 즉 어떤 동인에 의해 살아 숨 쉬기 때문이다. 그에 반해 우리의 세계에서 운동은 추가적 설명이 필요하다. 우리의 세계는 관성적이다. 좀 세련되게 말하자면, 우리 세계의 모든 운동과 정지는 관성의 법칙으로 설명된다. 그렇지만 우리의 세계에도 동기가 있는 듯한 운동도 있다. 예를 들어 우리 자신의 운동이 그렇다. 이러한 비정상적인 운동은 생명체의 특징이다. 18세기에는 생명체의 동기를 우화에 불과하다고 설명하면서 제거해버리고, 생명체를 복잡한 기계에 불과하다고 설명하고자 희망했다. 그 희망은 실현되지 않았다. 그러나 신화의 세계는 살아 숨 쉬는 세계이다. 그래서 만물은 생명체로서 운명에 의해 환형에 처해진다. 이에 비해 우리의 세계는 그 안에 생명체가 존재함에도 불구하고 관성적이고 생명 없는 세계이다. 그리고 이 관성적인 세계는 동기 없이 계속해서 굴러간다.

그러면 차바퀴는 어째서 거듭 비틀거리는가? 점은 이론적으로만 무이고, 바퀴는 이론적으로만 원이기 때문이다. 실제로는 점은 늘 얼마간 연장이 있고 원은 늘 얼마간 고르지 못하다. 관성의 법칙에 따르면 바퀴는 이론적으로는 영원하고 무한하게 굴러야 하지만, 실제로는 마찰력 때문에 제동이 걸린다. 하지만 그렇다고 차바퀴를 만들 때 이론을 포기해야 한다는 의미는 아니다. 오히려 그 반대이다. 이는 마찰 이론을 관성 이론에 끼워 넣어야 한다는 의미이다. 우리는 당나귀가 끄는 수레에 있어서 이론과 관찰의 모순, 이론과 실험의 모순의 한가운데에 있다. 즉 과학적이면서 기술적인 사고의 한가운데에 있다.

먼저 물레바퀴를 발명하고 그다음 차바퀴를 발명한 덕분에 우리는 동일자의 영원회귀라는 운명적인 바퀴를 부숴 버렸다. 그 이래로 세계는 관성적이고 생명이 없어지고, 그러면서 위험하고 거슬리게 되었다. 그러나 우리는 이론과 실험의 변증법 덕분에 생명 없는 세계의 위험함과 거슬림을 극복하고, 그 세계가 어떤 무제한으로 굴러가는 진보의 지반이 되게끔 할 수 있다. 진보의 바퀴는 자동적으로 영원히 전진할 수는 없다. 지구의 중력이나 울퉁불퉁함 같은, 생명 없는 세계의 맹목적이고 무동기적인 저항을 계속해서 극복해야 하기 때문이다. 진보의 바퀴는 동력이 필요한데, 우리 자신이, 우리 자신의 의지가 그 동력이다. 그리하여 승리를 구가하는 산업혁명은 이렇게 외친다. “그대의 강력한 팔이 원한다면 모든 바퀴는 정지한다.” 또는 이렇게 외친다. “우리는 모든 바퀴의 운전자이자, 사멸한 우주의 살아 있는 신이다.”

그러나 애석하게도 이런 일은 오래가지 않을 것이다. 근래에 밝혀진 것은 진보의 바퀴를 방해하는, 거슬리는 마찰을 실제로 극복할 수 있고 그러면 실로 진보는 자동적으로 굴러가기 시작한다는 것이다. 즉 진보는 자동기관이 된다는 것이다. 그렇다면 인류가 바퀴를 운전할 필요도 없어진다. 그러면 진보는 빙판에서처럼 미끄러지기 시작한다. 그렇게 진보에 마찰이 없어진다면, 진보가 인류를 칠 위험이 있다. 특히 그것을 제동하려 할 때 말이다. 배후로 돌아들어 오는 이 상황은 바퀴의 운명에 맞서서 자신의 눈을 뽑아버린 저 오이디푸스의 상황을 연상시킨다. 아마도 이것은 지금 왜 바퀴를 멈추고 차바퀴의 세계로부터 아직 미처 경험하지 못한 다른 세계로 뛰어넘어 가려고 하는지 설명해줄 것이다. 이 글은 마찰 없이 굴러가는 자동기관에서 뛰어내리기 전에 다시 한번 뒤를 돌아보려는 시도이다. 그래야 이 미끄러진 바퀴들 배후에서 빛을 발하는 저 신비, 이 역사 전체를 시동한 저 신비를 다시 한번 포착할 수 있는 것이다.

항아리

Töpfe

주께서 말씀하셨다. "나는 토기장이가 질그릇을 깨듯이 백성들을 깨리라." 이 글은 이 위협적인 예언을 해석하려 한다. 이 예언은 의미하는 바가 많으므로 해석이 가능하다. 이 예언은 의미가 단일해서 해석을 덧붙일 것이 없는 그런 진술이 아니다. 우리가 해석할 이 문장은 성경에 나오는 문장인데, 성경은 다의적인 텍스트이고 신학자들은 그것으로 먹고산다. 그런 까닭에 이 글은 고상한 전통에 속하지만, 꼭 신학 논쟁이라는 정신 안에서 읽을 필요는 없다.

여기 인용한 문장에 대해서는 쉬운 해석이 있다. 우리는 모두 적어도 한 번은 항아리를 깬 적이 있을 테지만 우리 중 누구도 백성을 깬 적은 없다. 그러나 우리에게 항아리인 것이 주에게는 백성일진대, 주는 바로 그것을 증명해 보이겠다고 위협하는 것이다. 이에 비해 우리가 시도하는 해석은 전혀 다른 관점을 주장할 것이다. 이 해석의 출발은 주가 보는 항아리가 요리사가 보는 항아리와 다르다는 것이다. 주 앞에서 항아리는 오히려 고대인들이 "불변의 이데아"라고 부른 저 형상과 더 비슷하다. 우리의 해석이 여기에서 출발하는 것은 위협적인 그 예언을 현대적으로 옮기기 위해서이다. "내가 너희와 너희의 이른바 영원한 불변의 이데아들을 한꺼번에 깨리라."

항아리는 비어 있는 형상으로 간주될 것이다. 그것이 항아리이다. 여기서 관건은 난해한 주제를 항아리처럼 간단한 것으로 환원하는 것이 아니다. 오히려 반대이다. 여기서 관건은 "순수 형상"을 현상학적으로 보는 것이다. 그러면 그 형상은 바로 항아리로 보일 것이다. 즉, 여기서는 형상에 대한 물음을 간단하게 만드는 것이 아니라 항아리에 대한 물음을 훨씬 난해하게 만드는 것이다. 항아리는 그릇이다. 즉, 어떤 것을 담아서 보관하는 도구[포착하여 기억하는 도구]이다. 그래서 항아리는 인식론적인 도구이다. 예를 들어서 나는 빈 항아리를 수도 아래 놓는다. 그렇게 함으로써 나는 항아리에는 내용을 부여하고 물에는 형상을 부여한다. 그리고 이제 항아리가 형상을 각인한/정보를 제공한 물은 무정형으로 흐르는 대신 항아리 안에서 이해되는 것이다. 이는 진부한 사실이지만, 종래의 어떠한 인식론이나 정보 이론도 이 사실에 올바르게 주목하지 않았다.

이와 관련하여 난해한 점이 몇 가지 있는데, 그중 하나의 예는 이렇다. 잘 알려져 있듯 드골은 "프랑스에 대한 몇 가지 구상[이데아]"이 있다고 말했다. 물론 어떤 이데아인지 밝히지는 않았지만. 이를테면 드골 장군은 프랑스를 부어 넣을 항아리를 찾을 때까지 항아리 가게를 뒤졌던가? 아니면 유달리 아름다운 항아리를 사서 프랑스를 조심스레 부어 넣으려고 했는가? 그것도 아니면 혹시 몸소 반죽해 만든 항아리를 프랑스의 물이 흐르는 수도 아래 놓아 프랑스를 담고자 했던가?

심란한 물음들이다. 드골 장군뿐 아니라 자연과학의 의기양양한 체계 전체가 여기 달려 있기 때문이다. 자연법칙을 수학적으로 형식화하려면(즉, 자연 현상에 대한 "몇 가지 구상[이데아]"을 가지려면) 어떻게 해야 하는가? 이를테면 현상에 딱 맞는 알고리즘을 찾을 때까지 활용 가능한 알고리즘들을 뒤지는가? 아니면 유달리 아름답고 우아한 알고리즘(가령 아인슈타인 방정식)을 찾아내서 현상을 조심스레 부어 넣는가? 그것도 아니면 몸소 만든 방정식으로 현상들을 건지는가? 우리가 과학이라고 칭하는, 알고리즘과 정리定理들로 이루어진 거대한 수정궁 전체를 떠받치는 기둥들은 바로 이런 물음들에 대한 대답들이다. 그런데 이 기둥들은 흔들리고 있다. 백성을 항아리처럼 깨겠다는 주의 위협은 여기에서 새로운 의미를 얻는다.

이때 항아리 만드는 일을 살펴본다면 혹시 도움이 될까? 항아리는 텅 빈 공간이다. 이 말은 부정적으로 들린다. 텅 빈 공간은 가득 찬 것에서 무언가를 파냄으로써, 즉 무언가를 추상해냄으로써 생기기 때문이다. 이를테면 삽을 사용해서 말이다. 구덩이는 그런 텅 빈 공간이다. 항아리도 그렇게 만들 수 있다. 예를 들면 엄지로 삽질하듯 점토 덩어리를 파내는 것이다. 하지만 아마 항아리 만드는 법은 이와는 전혀 다른 방식으로 찾아냈을 것이다. 처음에는 양손의 손가락들을 서로 엇갈리게 해서 마실 물을 담는 빈 공간이 생겼다. 그러고 나서는 손가락 대신 나뭇가지를 엮어서 바구니(그리고 직물)가 생겼다. 그러나 바구니로는 액체를 담을 수 없기에, 바구니 안쪽에 점토를 발랐다. 마지막으로 사람들은 이 방수 처리된 바구니를 우연히, 혹은 의도적으로(우리는 우연과 의도가 서로 규정한다는 것을 잘 안다) 태웠다. 그렇게 하여 붉은 바탕에 검은 기하학적 무늬(타버린 나뭇가지의 흔적)가 새겨진 최초의 아름다운 항아리가 만들어졌다.

우리는 본론에서 벗어나 도기 만드는 기술을 살펴보

았는데, 그다지 성과가 크지는 않았다. 그 성과라면 빈 항아리, 순수 이데아, 순수 형상은 추상의 결과이기도 하지만 특별하게 엮어서 만든 바구니이기도 하다는 것이다. 그렇다고 해도, 형식에 의거해 사유하는 사람(예컨대 수학자)에게 자신이 참여하는 일이 사실 무엇인지가 더 분명해지지는 않을 것이다. 즉, 현상들을 담는 형상/형식을 엮는 데 참여하는 것인지, 아니면 현상들에서 형상/형식을 추상하는 데 참여하는 것인지, 그도 아니면 심지어 빈 형상/형식(비누 거품)을 가지고 노는 데 참여하는 것인지 분명해지지는 않을 것이다. 그래도 한 가지 분명해지는 것이 있다. 엮어 만들든 파내서 만들든 빈 항아리는 결코 깨질 수 없다는 것이다. 빈 항아리에는 깨질 것이 없다. 예를 들어 빈 항아리 "1+1=2"를 생각해 보자. 이것은 셈할 수 있는 사물을 담기 위해 엮어 만든 바구니이든, 사물들의 셈으로부터 추상한 것이든, 공간과 시간이 없다. "1+1=2"가 오후 네 시 세미팔라틴스크[67]라는 도시에서도 참인지 묻는 것은 의미가 없다. 주에게 항아리는 아마 그렇게 보일 것이다. 그럼에도 불구하고 주는 항아리를 깰 것인가?

그러한 토기장이의 입장에서 세계를 직관한다면, 모든 현상을 담고 거기에 형상을 주는 서 항아리를 이 모든 현상의 배후에서, 이 모든 현상을 관통하여 보게 된다. 사과의 배후에서 구, 나무줄기의 배후에서 원통, 여자의 몸 배후에서 다

67 카자흐스탄 동북부에 위치한 항구도시.

양한 기하학적 형태를 보고, 근래에는 구름이나 암석과 같이 겉보기에 형상이 없고 카오스적인 현상의 배후에서도 이른바 "프랙털" 형상을 본다. 이 토기장이의 시선, 이 엑스레이 같은 직관은 이론적[관조적] 직관이라고 불리는데, 그가 보기에는 현상들은 영원한 형상을 숨기는 덧없는 장막에 불과하다. 그리고 이런 직관은 오늘날 전자 도기[일렉트로세라믹스]라는 새로운 도기 기술을 만들어 냈다. 알고리즘으로 만들어진, 텅 비었지만 빛깔 있는 형상, 소위 인공 이미지를 컴퓨터 화면에 띄우는 장치가 있다. 그러한 이미지를 보는 이의 앞에는 현상들 배후에 숨은 깨지지 않는 빈 항아리가 있는 것이다.

피타고라스가 음악의 옥타브의 배후와 삼각형의 배후에서 동일한 빈 형상을 통찰한 것은 신비로운 직관이었다. 플라톤이 현상들을 관통하여 미와 선의 영원한 형상들을 이론적[관조적]으로 통찰했고 그것을 망각으로부터 끄집어낸 것은 일종의 깨달음이었다. 그렇다. 심지어 갈릴레이가 무게가 있는 물체의 무정형한 운동 배후에서 간단한 자유낙하 공식을 알아냈을 때에도, 그리고 또 다른 사람들이 물질의 무질서한 집합으로부터 비교적 단순한 화학 공식을 알아냈을 때에도, 이들은 현상 배후에 있는 주의 설계도를 부분적으로 밝혀냈다는 믿음을 여전히 가지고 있었다. 그렇지만 컴퓨터 앞에서 빈 형상들을 장난스레 화면에 띄운 후, 다른 이들이 이 빈 항아리에 내용을 채우기를 기다리는 저 사람들은 어떨까? 이른바 "가상 공간"을 투영하여 이 세계를 대신하는 세계들을 만들려는 저 사람들은 어떨까? 주는 그들과 그들의 항아리를 한꺼번에 깨리라.

예언에 대해 방금 제시한 해석은 이렇다. "나는 컴퓨터 종족의 백성들을, 이런 항아리 제작자들과 그들의 빈 그릇을 한꺼번에 깨리라." 이는 물론 그다지 성경에 나올 법하지는 않지만, 섬뜩한 해석이다. 그리고 이 해석은 "디지털 가상", "사이버스페이스", "합성 시뮬레이션과 홀로그래피"와 같은 사물에 대한 온갖 학술회의에 저음으로 깔려야 할 것이다. 이렇게 해석한다면 이 예언은 항아리에 관한 이 글 전체와 마찬가지로 공허에 대해 말하는 것이다. 빈 항아리는 공허한 그릇이다. 영원한 이데아는 순수하고 공허한 관념이다. 수학 공식은 공허하고 내용 없는 명제이다. 모든 이데아 중 가장 순수한 이데아, 모든 형상 중 가장 숭고한 형상은 신성神性이다. 순수한 이데아는 공허하기에 깨지지 않으며 영원하다. 주는 영원하다. 그리고 컴퓨터 종족, 이 형식주의적 토기장이들은 이것을 깨닫기 시작한다. 빈 형상을 투영하고 이 빈 형상을 가능성들로 채워서, 이 세계를 대신할 세계들을 창조하는 이들은 마치 주와 같다(시쿠트 데우스sicut Deus).[68] 주는 그들을 깨리라.

68 sicut Deus는 "신과 같다"는 의미의 라틴어 관용어이다.

"공허"를 말하는 이는 곧 뿌리를 건드리는 것이다. 구원Heil과 지옥Hölle은 "공허하다hohl"라는 단어에서 유래한다. 영어로는 "구멍hole"이라고도 적고 "전체whole"라고도 적는다.[69] "공허"를 말하는 이는 곧 전체에 대해 말하는 것이다. 과학은 이미 오래전부터 형식적 사유 덕분에 현상의 배후에 이르렀고 거기서 공허(서로 중첩하는 가능한 장들로 이루어진 휘어진 공간)를 본다. 그러나 최근에야 비로소 이 공허를 채울 어떤 대안적 충전물들을 이 공허로부터 컴퓨터로 계산해 내기 시작했다. 최근에야 비로소 항아리 만드는 일이 무엇인지 배우게 되었다. 그것은 빈 형상을 만들어서, 원래 무형인 것에 형상을 각인하는 일이다. 그것은 창조의 첫날에 주가 한 일이다. 우리가 마침내 항아리 만드는 법을 습득했고, 이 일이야말로 참된 빅뱅이다. 그리고 예언에 따르면, 주는 우리와 우리의 항아리를 한꺼번에 깨리라. 우리가 주만큼, 아니면 심지어 주보다 더 잘 만들게 되기 전에.

여기까지가 해석이다. 이 해석을 제안한 것은 반박되기 위한 것, 다시 말해 새로운 해석을 유발하기 위한 것인데, 이 새로운 해석 역시 반박될 수 있는 것이다. 이 마지막 문장은 방금 해석한 예언의 위협을 감안하면, 짧고도 간절한 기도로 읽힐 수 있을 것이다.

---

69 이 책의 "벽"에 대한 에세이 도입부를 참조하라.

국자와 국

Schöpflöffel und Suppe

이 주제를 축자적이 아니라 은유적으로 받아들인다면 지평이 넓게 열릴 것이다. 의외가 아니다. 우리 모두는 대연회장으로 가고 있다. 먹기 위해서가 아니라 먹히기 위해. "수저"의 상상과 개념에 숨은 잠재적 가능성의 예를 하나 들어보자. 한편에는 커다란 국자[창조의 수저][70]가 있고, 다른 한편에는 부글부글 끓는 국이 있다. 이것은 창조 이야기의 전부이다. 물론 우리가 그 이야기를 그렇게 단순화된 형태로 현명하게 배운 것은 아니다. 이 이야기는 수많은 저자가 지은 다양한 버전으로 우리에게 강요되었다. 이를테면 여기 초등학교 버전이 있다. 국자는 국에 여섯 번 잠기고, [창조의 마지막 이레째에는] 우

70 독일어 Schöpflöffel은 schöpfen (푸다)과 Löffel (수저)의 합성어로서 '국자'를 뜻한다. 그런데 이 에세이에서는 schöpfen의 또 다른 의미인 '창조하다'를 활용하여 "창조의 수저"라는 의미로도 쓰고 있다.

리가 스스로 나머지 국을 다 퍼내야 한다. 또 가령 여기 철학 버전도 있다. 한편에는 형상 없는 질료[국]가 있고, 다른 한편에는 질료 없는 형상[국자]이 있으며, 그 사이에는 질료의 창조적 형상과 형상을 채우는 질료가 있다. 첫 번째 버전의 저자 이름[신]은 허투루 입에 담아서는 안 되지만, 두 번째 버전의 저자는 대부분 플라톤으로 간주된다. 수 세기 동안 사람들은 이 두 버전을 비롯해 그 무수한 변주를 진정 즐겼다. 늘 새롭게 이것을 표현한 사람들뿐 아니라 이것들을 꿀꺽 삼킨 사람들까지도. 그리고 목이 메어 삼킬 수 없던 사람들도 이것을 씹고 되새김질하는 것은 즐겼다.

그러나 오늘날에는 국자 이야기는 즐길 수 없게 되었다. 두 가지 이유에서 그렇다. 첫째, 창조Schöpfung의 역사가 고갈Erschöpfung의 역사임이 밝혀지기 시작했기 때문이다. 둘째, 국자가 결코 위로부터 국에 잠기는 것이 아니라 국에서부터 위로 올라온다는 것이 밝혀지기 시작했기 때문이다. 수저와 수저질에 관련된 모든 것은(좀 더 세련되게 말해서 창조와 창작에 관련된 모든 것은) 새로 이야기해야 한다. 그것이 이 글의 의도이다.

나는 퍼내야 하는 국에서 시작하고자 한다. 즉, 소위 형상 없는 원시 질료에서, 둔중하고[71] 수상한 죽에서, 한마디로 카오스에서 시작하고자 한다. 여러분 중 일부는 최상급의

71 träge는 문맥에 따라 "둔중하다" 혹은 "관성적이다"로 옮긴다.

걸쭉한 시골식 국을 떠올릴지도 모르겠다. 수저로 뜰 수 있는 이 원시 국은 대략 그런 식으로 상상해야 한다. 그리고 물론 상상하기가 좀 더 어렵겠지만, 그 위에는 질료 없는 형상, 유령 같은 국자, 창조의 바람이 부유한다. 그러니까 이른바 변증법적으로 상상하자면 이렇다. 한편은 걸쭉하고 관성적이고, 다른 한편은 무척 묽고 활동적이다. 그렇다. 그러나 이 국을 더 깊이 들여다보면 그러한 상상은 유지될 수 없다. 이 국은 육수Kraftbrühe, 즉 네 가지 힘Kraft으로 부글부글 끓는 국물Brühe로 드러나는 것이다. 그 힘들은 전자기력, 중력, 강력, 약력이다. 이 육수는 걸쭉하거나 관성적이기보다는 김이 가득하고 폭발성이 강하다. 이 육수를 "질료적"이라고 부르는 것은 그다지 의미가 없다. 유감스럽게도 오히려 이 육수는 꽤 묽고 유령 같다고 해야 한다. 그래서 당연히 "질료 대 정신"이라는 모든 변증법적 담론에 작별을 고해야 한다.

그렇지만 정신[성령]의 창조적 힘을 믿는 저 신자들은, 이처럼 예전의 질료가 비물질적인 힘의 장場으로 풀어지더라도 별로 동요하지 않을 것이다. 그들은 여전히 수저로 푸는 일[창조]을 신봉할 것이다. 이런 일이 그저 안개 같은 것을 수저질하는 데에 불과하더라도. 그렇게 신봉하는 믿음에는 세 가지 유형이 있다. 첫 번째 유형은 정신[성령] 같은 무언가가 있다고 믿는다. 그리고 "존재론적으로" 이 무언가의 성질은 국과는 전혀 다르다. 그러므로 부득이하면 국이 없더라도 국자가 퍼낼 수 있다고, 즉 무로부터도 퍼낼 수 있다고 믿는다. 두 번째 유형은 "정신[성령]"은 무언가가 아니라 무언가의 부정이라고 믿는다. 그들로서는 국자는 부정이지 긍정이 아니다. 그리고 국자는 예전의 둔중한 국뿐 아니라 안개 같은 장도 부정할 수 있다. 세 번째 유형은 정신[성령]이란 것이 어떤 형상으로서, 만물은 그 안에서야 비로소 생겨난다고 믿는다. 그들에게는, 예를 들어 가령 삼각형이건 방정식이건, 모두 정신적이다. 그들에게 국자는 국이건 김이건, 즉 질료이건 장이건 간에 만물을 조직하는 방식이다. 그 결과로 이 세 버전의 믿음을 지닌 신자들은 모두, 이처럼 국이 육수로 풀어지고 질료가 장으로 풀어지더라도 국자에는 아무 영향도 미치지 않는다고 믿는다. 그러나 그것은 착각이다.

왜냐하면 국이 육수로 풀어지는 것은 정신을 향해 확장되는 것으로 보아야 하기 때문이다. 우리는 육수를 질료라는 검은색과 정신이라는 흰색 사이에 끼어든 어떤 회색 지대로 상상해야 한다. 이 회색 지대는 이제 마치 산酸처럼 둘을, 다시 말해 질료와 정신 혹은 국과 국자를 자신 안으로 녹인다. 다른 이미지로 표현하자면 이렇다. 육수라는 회색 지대의 한쪽 수평선에서는 검은 질료, 즉 예전의 국이 응결되고, 다른 쪽 수평선에서는 정신의 숨결이 증발한다(이 이미지에서는 국자에 대해서는 말할 것이 거의 없다). 마지막으로 세 번째 은유를 가지고 현재의 상황을 상상해 보자. 육수, 즉 서로 간신히 결합한 이 네 힘의 장은 한편으로는 전체적으로 질료로 볼 수도 있고, 다른 한편으로는 전체적으로 정신으로 볼 수도 있다. 국을 끓이려고 하는지, 아니면 국자를 만들려고 하는지에 따라서 말이다. 육수를 보는 이 두 가지의 서로 결부된 방식은 이론적인 사변에 불과한 것이 아니다. 육수를 질료로 간주한다면, 그것을 가지고 이를테면 과중하고 인공적인 화학물질을 요리해 낸다. 육수를 정신으로 간주한다면, 그것을 가지고 적어도 자연지능 못지않게 창조할 수 있는 인공지능을 제작해 낸다. 임박한 비물질적 문화의 첨예한 본질을 포착하기 위해서 국과 수저 사이의 이 회색 지대를 잠깐 살펴봐도 좋을 것이다.

신경계, 특히 뇌를 살펴보자. "국 대 수저"라는 앞서의 변증법으로 보자면, 뇌는 한편으로는 대단히 복잡한 회색 덩어리이고, 다른 한편으로는 지각, 감각, 상상, 사고, 결정과 같은 과정이 일어나는 곳이다. 그러므로 정신[성령]의 창조적 힘을 굳게 지지하는 신자들에게는 불편한 곳이다. 나는 이곳을 육수의 관점에서 바라보려 한다. 나는 신경생리학에 대해서는 문외한이나 다름없다. 그러나 나의 무지가 이 논의에 장애가 되지는 않는다. 나는 바로크 사상가들이 태엽 장치에 대해서, 계몽주의자들이 기계에 대해서 이야기하는 식으로 뇌에 대해 이야기한다. 은유적으로 이야기한다는 말이다. 뇌는 현대의 문화 모델이다. 뇌는 완전한 블랙박스의 예시로서, 우리로 하여금 사이버네틱스의 방식으로 사색하게 만들기 때문이다. 육수의 관점에서 이 박스를 보면, 장차 신경생리학이 심리학을 몽땅 정리해버릴 것 같다는 의혹이 강해진다. 가령 천문학이 점성술을 그렇게 정리했듯이 말이다. 다음과 같은 이유 때문이다.

블랙박스인 "뇌"에는 입력이 있다. 환경이나 신체 내부나 뇌 자체에서 유래하는 미립자들이 거기 도착한다. 육수 방울들이다. 그리고 뇌에는 출력이 있다. 우리의 행동이다. 블랙박스 안에서 일어나는 일은 잠정적으로 짙은 어둠에 싸여 있으나, 차츰 밝아지기 시작한다. 그곳에서 미립자들은 신경 시냅스들 사이를 양자量子처럼 도약한다. 그래서 육수는 부글부글 끓는다. 우리는 이 끓음을 "데이터 처리"라고 부른다. 이 끓음의 전자기적이고 화학적인 과정을 꿰뚫어 보지는 못하지만 말이다. 그럼에도 불구하고 생명 없는 질료에서, 예컨대 반도체에서 이 끓음을 시뮬레이션 할 수 있다. 그러면 보라. 이 질료는 계산하고, 셈하고, 논리 연산을 수행하고, 결정하고, 자신의 결정에 따라 다른 기계들을 이끌기 시작한다. 그 생명 없는 질료는 유용한 국자가 되었다. 그리고 이는 단지 머뭇거리는 시작일 따름이다. 우리는 이내 "축축한" 인공지능[웨트웨어[72]]을, 즉 신경섬유들로 조립되어 배양액에 담긴 인공두뇌를 제작할 것이다. 이 현재의 도구이자 미래의 도구가 질료적인지, 정신적인지, 아니면 동시에 둘 다인지를 묻는다면 부적절한 물음이다. 그것은 회색 지대의 현상이다.

이제 다음과 같은 일이 이어진다. 아직은 꽤 미련한 이 도구를 이용하면 뇌에서 일어나는 과정들을 뇌 바깥에서 들여다볼 수 있다. 결정을 내리는 것과 같은 과정을 두개골 바깥에서 분석할 수 있는 것이다. 그렇게 분석하고 들여다본 다음에 이런 과정은 다시 두개골 안으로 옮겨진다. 자연지능과 인공지능 사이에 피드백이 일어나며, 그로 인해 두 지능 모두 점차 더 완벽한 국자로 진화한다. 이러한 피드백이 그 창조적 힘에 있어서 어떤 성과를 이룰지 상상할 수도 없고 이해할 수도 없다. 경험을 바탕으로 기능하는, 우리 뇌에서 일어나는 과정은 오늘날에도 여전히 원시적이기 때문이고, 우리의 정신은 현재로서는 여전히 제한되어 있기 때문이다. 그러나 비유를 통해서 개략적으로 이미지를 그려볼 수는 있겠다. 소달구지와 비행기의 차이점은, 소달구지는 경험에 의거하여 만든 탈것인 데 반해 비행기는 이론에 기초하여 만든 것이라는 데 있다. 이와 마찬가지로 저 결정 이론이나 게임 이론 같은

72 웨트웨어wetware는 컴퓨터의 소프트웨어와 하드웨어 구분법에 빗대어 인간의 '축축한' 뇌를 표현한 것으로, 여기에서 인공지능 웨트웨어는 뇌와 같은 신경세포들로 이루어진 인공지능을 뜻한다.

이론에 기초할 미래의 창조들은 현재 우리의 작품들과는 다를 것이다.

그렇다. 하지만 이 부분에서 중요한 것은, 여기에서 움트는 유토피아적 낙관론을 억누르는 것이다. 인간의 뇌에서 잠시 시선을 돌려서 전체로서의 육수를 본다면, 창조의 역사가 전복된 것, 즉 고갈의 역사에 직면하기 때문이다. 초등학교 버전으로는 대략 다음과 같이 이야기할 수 있다. 육수는 언젠가, 백육십억 년쯤 전에 단 하나의 점에 집중되어 있었지만, 언젠가, 어쩌면 수십억 년 후에는 허공 속에 흩뿌려질 것이다. 그러니까 육수는 차츰 더 묽어지는데, 이것은 차츰 정신적이 되는 것이 아니라 차츰 무지해지는 것이다. 육수가 이렇게 뿌려지고 흩어진다면 형상들도 모조리 풀어질 것이기 때문이다. 즉, 육수는 그 안에 저장된 정보를 모조리 잃을 것이다. 그러므로 이는 건설이 아니라 해체의 역사이다. 물론 아주 거북한 이 역사가 진행되는 동안에도 새로운 정보들이 우연히 계속 생겨나는데, 무엇보다 인간의 뇌도 그렇게 생겨난 것이다. 그러나 우연히 떠오른 이 모든 정보는 전체적으로 보면 잊히고 풀어지는 방향으로의 흐름 속으로 다시 가라앉을 것이다. 인간의 뇌와 그 뇌가 만든 모든 것도 마찬가지다. 육수는 점에서 무로 나아가는 중간 단계에서는 일시적으로 둔중하고 수상한 국처럼 보이고, 그 위에는 국자가 부유하는 것처럼 보인다. 하지만 더 엄밀하게 보면 이 중간 단계들은 열죽음[73]으로 직선적으로 나아가는 육수의 경향에서 그저 주전원에 불과하다.

이것은 내가 미래의 비물질적 문화에서 포착하는 또 다른 첨예한 부분이다. 인간의 뇌가 최근 부글부글 끓는 육수로부터 떠오른 것은 우연이다. 약 사만 년 전에 지금의 형상으로 떠오른 것이다. 그리고 인간의 뇌가 자신이 떠오른 기원인 육수 속을, 마치 뒤집은 장갑처럼 들여다볼 수 있도록 만들어진 것도 우연이다. 이것은 국으로 만들어졌으며, 그 자체가 국과 같아질수록 국을 더 잘 푸는 국자이다(이 비유가 그다지 적절하지 않다는 점은 인정한다). 그리고 그 과정에서 기이한 일이 일어난다. 자신의 떠오름을 통찰할 수 있는 우연한 능력을 지닌 채로 우연히 떠오른 뇌는, 이제 의도적인 수저질을 시작한다. 그런 이유로 "의도"는 우연이 흡사 장갑처럼 스스로를 뒤집은 것이다. 그리고 이렇게 우연이 의도로 뒤집히는 일이 차츰 더 폭넓고 깊어지다가 결국 창조는 의도적으로 우연을 의도로 뒤집는 것이 된다. 이것이야말로 미래의 비물질적 문화가 기반을 두게 될 이론적 원칙, 즉 의도적인 도박의 원칙이다.

인간의 뇌를 가진 우리 인간은 오래전부터 항상 우연

---

73 열역학적 의미에서 우주의 종말로, 우주 전체의 엔트로피가 최대에 이르는 상태, 혹은 운동이나 생명을 유지할 수 있는 에너지가 0인 상태를 말한다.

(열죽음, 그리고 죽음 그 자체)에 맞서 놀이하는 데에 참여해 왔다. 그러나 이제는 우연에 맞서 우연을 가지고 놀이하는 것을 배운다. 내게는 이것이야말로 우리에게 임박한 비물질적 정보문화의 본질로 보인다. 이것이 본질이지, 산출된 정보를 미래에는 물질적 객체에 파묻지 않고 육수 자체 안에 보관한다는 사실이 본질은 아닌 것이다. 이런 사실은 근본적으로는 전혀 새롭지 않다. 이미 우리의 수저질은 늘 국을 지양하기 위해 하나의 형상으로 승화시킨다는 의도를 가졌던 것이다. 다만 바로 이제 우리는 이론적으로도 알게 되었다. 수저질, 창조, 창작이 무슨 의미인지. 그런 까닭에 우리는 예전보다 수저질을 더 잘하지만, 예전보다 더 잘 알기도 한다. 수저질로 우리 스스로가 다 퍼내질 것임을. 식사 맛있게 하시길.

몸짓, 사물, 기계 그리고 투영에 대하여

플로리안 뢰처[74]

빌렘 플루서는 브라질에서 유럽으로 돌아온 후 1973년에 "철학적 자서전"[75]을 저술했다. 사후 출판된 그 저서에서 그는 나치의 프라하 침공으로 익숙한 현실이 파괴되면서, 그 후에는 '바닥없음'이 망명 중 더욱 심각해지면서, 절망적이면서도 "열렬한 관심을 잃지 않는 냉담함"을 발견했다고 이야기한다. 그는 전쟁의 한가운데에서, 그리고 유대인으로서, 죽음으로 내몰리고 있음을 뼈저리게 알고 있었다. 이처럼 그저 목숨만 부지하는 데 급급하던 상황에서 그에게 이 세상은, 결국 어떤 일이라도 일어날 수 있을 부조리한 "인형극"에 불과해

74 Florian Rötzer, 1953-. 독일의 언론인이자 작가. 철학, 미디어, 인터넷 등을 소재로 하는 다수의 책을 발간했다.

75 플루서가 사망한 이듬해인 1992년 발간된 《바닥없음: 철학적 자서전 Bodenlos: Eine philosophische Autobiographie》을 가리킨다.

보였다. 처음에는 영국으로, 그리고 종국에는 (지리적이고 실존적인 변두리인) 브라질로 탈출한 그는 모든 것을 두고 떠났고 삶을 위해 존엄을 희생했다. 카뮈나 사르트르의 실존주의도 역시 제2차 세계대전 동안 태동했으나 이들은 뿌리가 뽑힌 사람들은 아니었다. 이와는 달리 플루서는 "유희적인 방관에 열광"하게 되었다. 모든 것에 냉담했기 때문이다. 그렇지만 이러한 냉담은 탈가치가 아니라, 파멸에 직면하여 모든 것이 등가적임을 경험한 데서 나왔다.[76] 그래서 그는 거리를 두면서도 가장 평범한 사물에서조차 세계를 발견하는 시야를 갖게 되었다. "나치는 개미만큼, 핵물리학은 영국의 중세만큼, 나 자신의 미래는 암 연구의 미래만큼 흥미로웠다."

이러한 현상학적 관점에서 보면 세계가 뿌리내린 익숙한 맥락은 깨져버리고, 일견 공통점이 없어 보이는 사물들을 서로 연관 지을 수 있다. 바닥없음이 세계 질서의 위계들과 이들을 뒷받침하는 이념이나 세계상을 허문다면, 우리는 우리를 철학하게 하는 무언가와 도처에서 조우하게 될 것이다. 왜냐하면 우리는 늘 하나의 세계 안에, 그리고 사물들 사이에 있는데, 이들은 여러 가능성을 개방하거나 한정하거나 차단하기 때문이다. 이러한 시선은 세계를 구원하거나 아우라를 불어넣거나 불러일으키는 방식이 아니다. 물론 이따

76 냉담Gleichgültigkeit은 모든 것이 동등하게(gleich) 타당하기(gültig) 때문에 아무래도 좋다는 냉담함이다. 따라서 이는 탈가치Entwertung가 아니라, 동등한(gleich) 가치(Wert)를 뜻하는 등가성Gleichwertigkeit이다.

금 플루서에게 그러한 정조가 감지되기는 하지만 말이다. 이런 시선은 익숙한 세계의 몰락과 미지의 새로운 세계의 출현을 확인하는 곳에서조차 냉정하고 폭로적이다. 플루서에게 이 새로운 세계는 소비해야 함과 비밀 없음이라는 의무를 지닌 탈역사의 세계로서, 그 안에서 사물들은 차츰 덜 독자적이 되고 차츰 더 빨리 쓰레기가 되어 인간에게 맞서게 된다. 그는 이러한 지평에 맞추어 자신의 에세이를 저술했으되, 형식이자 방법으로서의 에세이는 우리가 익히 아는 유의 이론을 정교하게 완성하는 것을 막는다. 에세이는 늘 새롭게, 그리고 늘 다른 관점에서 사물들을 대하면서, 흩어지는 인간 실존의 다양한 구조를 탐지할 수 있다. 끊임없이 변화하고 다르게 지각되며 새로운 의미를 부여받는 사물들 말이다. 플루서는 관습적 의미의 이론에 그다지 관심이 없었고, 그의 사유는 오히려 그에게 폐쇄되고 어두운 채로 남아 있는 영역들, 비밀스러운 것과 부조리한 것을 현시하고 나아가 공개된 것까지 현시하는 영역들, 즉 새로운 것이 생길 수 있고 모험이 가능한 저 영역들로 돌진하고자 했다.

여기 독일에서 빌렘 플루서는, 새로운 기술, 특히 컴퓨터가 가져오는 변혁을 해석한 철학자로 잘 알려져 있다. 그러나 이런 문제를 다루는 데서도 본질적인 것은, 실존주의적 현상학이라는 그의 성향으로서 이는 곧 인간학이기도 하다. 하지만 새로운 기술 및 그에 연관된 과학적 인식은, 그의 사유의 우주에서는 이런 변혁에 대한 특히 두드러지는 징후들에 불과했다. 이 책의 에세이들은 그 밖의 사물의 세계에서도 그가 예견한 탈역사로의 전환에 대한 단서를 찾아낼 수 있다는 것을 보여준다. 호기심 어린 냉담함으로. 그러나 부언하자면, 플루서의 이 글들은 이미 여러 해 전에 저술한 것으로서, 여기서 그는 당대의 소비사회 및 대중사회의 친숙한 어휘들에서 일어난 변혁을 기회라기보다는 퇴락으로 이해했다. 인간이 마주치는 '사물의 현상학'은 인간이 세계에 자신을 투영하는 '몸짓의 현상학'의 거울이다. 이러한 이유로 나는 몸짓의 현상학을 통해 플루서 사유의 특징을 좀 더 상세히 묘사하고자 한다.[77]

면도는 분명 대부분의 남자에게 번거로운 일이지만, 단정하고 교양 있어 보이려면 매일 아침 감수할 수밖에 없다. 그러한 일상적인 일을 고찰하여 철학적 문화이론의 단서를 발전시킬 수 있음은 빌렘 플루서의 탁월한 사상적 업적, 그리고 말 그대로 문학적 업적이다. 이론화라는 학문적 의례와는 거리가 먼 그는, 가장 눈에 띄지 않는 인간의 몸짓이라도 현상학적 방식으로 관찰하고 분석하는 것이 오늘날까지도 생산적이고 계몽적일 수 있음을 보여주었다. "면도는 얼굴이 아니

77 이하의 내용은 플루서의 *Gesten: Versuch einer Phanomenologie*(한국어 번역본은 《몸짓들: 현상학 시론》, 안규철 옮김, 김남시 감수, 워크룸프레스, 2018)에 실린 에세이에 기초한다.

라 피부를 보이게 한다. 인간과 세계의 경계를 보이게 한다는 뜻이다." 따라서 면도는 어떤 근본적 차이[인간과 세계의 차이]를 만들어내는데, 이 차이는 모든 인식에 있어서도 토대가 되는 것이다. 따라서 플루서는 연상들을 뒤쫓는 유희를 하면서 면도를 원예와 비교한다. 이 식물 재배의 기술은 역사적으로 보아 뒤늦게 시작된 기술이다. 그것은 우연을 길들이는 여러 기술, 순환적이면서도 시대를 초월하는 질서를 도입하는 여러 기술 중에서도 수렵과 채집 이후에야 나타난 것이다. 결국 잔디는 거듭 베어지고, 수염은 거듭 깎이며, 잡초는 뽑히고, 자라는 것은 작가에 의해 다듬어진다. 이때 인간의 의도는 물론 여전히 자연법칙의 한계 내에서 움직이지만, 그래도 자연법칙을 교묘하게 복종시킨다. 그리고 그 자체가 농업 분야에서 유래한 개념인 문화[78]도, 스스로 자라는 것인 자연으로부터 부단히 쟁취해야 한다. 면도와 원예는 인간이 우주 및 자기 자신과 맺는 특정한 관계이다. 인간은 문화기술을 통해 스스로를 변화시킴으로써 자연과의 관계도 변화시킨다. 그리고 인간은 자연에 개입함으로써 자기 자신에 대한 이해도 변화시킨다. 즉, 인간은 도구들을 가지고 자신을 스스로 생산하고 자신을 사물에서 발견한다.

인간은 농업이 시작된 이래 인공 현실에 살게 되었고, 그 인공 현실은 이내 온 지구를 덮어버렸다. 이제 심지어 [인

78 독일어에서 '문화'를 뜻하는 쿨투어Kultur는 '경작'이나 '재배'를 뜻하는 라틴어 쿨투스cultus에서 유래했다. 이 책의 앞선 주 29번 참조.

공적인 생물 서식 공간인] 소생태계도 문화Kultur가 보호의 몸짓까지 통합했다는 증거가 된다. 여기서는 야생식물조차 재배kultivieren되기 때문이다. 정원사 혹은 재배자, 즉 농부는 문화를 위해 숲을 벌채한다. 그가 우거진 숲을 파괴하고 풀을 베기 시작하는 것은 역사를 만드는 일이다. 하지만 플루서가 "관계의 프로그래머"라고 칭하는 생태학자가 오늘날 다시 숲을 만드는 것은 어떠한가? 그리고 그것은 면도와 무슨 상관이 있는가? 면도를 하지 않는다는 것은 자아와 세계의 차이를 다시 없앤다는 의미이다. 이에 비해 수염이나 숲이나 잔디를 베는 것은 "분리 구조", 즉 이원론을 유지하는 행동이다. 미용적으로, 유행에 매몰되어, 따라서 근대적으로. 만일 이런 합리화의 몸짓을 근대적이라고 부를 수 있다면 말이다. 물론 깔끔하게 면도를 했다고 해서 반드시 파쇼적인 질서 광신자인 것은 아니지만, 거꾸로 수염이 덥수룩한 파시스트는 상상하기 힘들다.

그 자신도 수염을 길렀던 플루서가 품은 희망은, 면도라는 미용의 몸짓이, 그리고 이와 더불어 근대 및 근대의 직선적 역사관이 끝나는 것이었다. 그다음에 무슨 일이 일어나는지는 짐작만 할 수 있을 뿐이다. 플루서는 결코 자연을 찬미하는 낭만주의자가 아니었기 때문이다. 그다음에 무엇이 자라는지는 이제 자연이 아니라 기술에 달려 있을 것이다. 기술은 인간이 새로운 가능성을 실현하도록 상상도 못할 규모로 기여하여 장래의 현실성을 가능하게 하는 것이다. 가능성의 세계는 더 이상 역사에 지배되는 것이 아니라, 기반 없는 기투와 투영에 지배된다. 그것은 자연 대 문화, 현실 대 가상 같은 이분법에 지배되지 않는다. 만물이 제작된다면 그 제작된 세계들은 오직 제작자에 의존하는 관계 범주들에 의거해 판단할 수 있기 때문이다. 컴퓨터, 유전공학, 나노기술로 이루어진 소프트웨어 세계에는, 더 이상 진실과 현실이 아니라 예를 들어 개연성, 구체성, 흥미로움, 아름다움이라는 점층적 기준들이 적합할 것이다. 플루서가 굳게 믿었듯이, 그 세계에서는 거의 모든 것이 가능할 것이고, 이미지와 물질적 현실의 구분은 시대착오가 될 것이며, 유일한 세계는 다수의 가능 세계들, 즉 생산 가능한 세계들로 내파할 것이다. 플루서가 보기에, 기계들과 시너지 관계를 맺는 새로운 인간의 양가적인 전형은 텔레마틱[79]에 줄곧 탐닉하는 사람이었는데, 그런 사람은 시공간에서 벗어나고 자기 몸을 통한 땅에의 속박에서 차츰 벗어나서 이미지로 음악을 연주하는 사람이다. 이 이미지는 그럴법하지 않을수록 좋고 놀라울수록 좋다. 진실은 심미적이 된다.

이것이 의미하는 바는 그의 몸짓의 현상학에서 명료

79 텔레마틱Telematik은 원격통신Telekommunikation과 정보학Informatik의 합성어이다. 플루서는 텔레마틱이라는 자유로운 네트워크를 통해 쌍방향적이고 민주적인 소통이 가능할 것으로 보았다.

해진다. 플루서에 따르면 진정한 혁명은 언제나 새로운 기술을 토대로 한다. 새로운 기술은 본질적으로 몸짓에 의해 성격이 규정되는 인간의 활동 영역을 확장하거나 변경하거나 축소한다. 아주 일반적으로 말해 몸짓은 신체의 움직임, 종종 도구와 결합된 신체의 움직임이다. 몸짓은 의미를 지닌다. 몸짓은 의사소통적인 인간의 우주에 자신을 기입하고 그 우주를 의미로 채운다. 그렇지만 무엇보다도 몸짓을 두드러지게 하는 속성은 몸짓이 정신과 육체의 이분법을 무효화한다는 것이다. 몸짓은 정신화한 육체 혹은 육체화한 정신의 표현이기 때문이다. 우리는 몸짓을 만드는 것이 아니다. 우리 자신이 몸짓이다. 본질적으로 우리는 그저 자동적으로 반응하며 인과관계에 끼워 맞춰지는 존재가 아니므로 자유롭다. 물론 우리는 틀에 박힌 몸짓을 하기도 하고, 그런 습관적인 몸짓은 무의미해 보이기도 하지만 말이다. 왜 그림을 그리는지, 사진을 찍는지, 파이프 담배를 피우는지에 대해 충분히 설명할 수 있는가? 파이프 담배를 피우는 대신 손톱을 물어뜯을 수도 있고, 사진을 찍는 대신 사냥을 할 수도 있을 것이다. 사르트르와 마찬가지로 플루서에게도, 개인적으로나 문화적으로 어떤 몸짓을 선택하는 일은 여러 면에서 심미적인 결정에서 나오는 것이다. 이런 결정이 심미적인 이유는, 그것이 설계하는 삶의 스타일이 필연적이지는 않지만, 한 사람이나 한 사회는 이런 삶의 스타일을 통해 자신을 "마음껏 펼치고" 이런 삶의 스타일 안에서 자신을 발견하거나 발명하기 때문이다. 그런 까닭에 몸짓을 서술하는 것은 인간이 세계에 존재하는 형식, 인간이 자신과 세계를 구성하는 방식을 부각시키는 한 가지 방법이다.

특히 인상적인 예가 있다. 파이프 담배를 즐기는 플루서가, 파이프 담배를 피운다는 세속적이면서도 의례와 같은 몸짓을 예술 정신으로부터 종교 이론으로 전개하는 것이었다. 그는 이 예에서 틀에 박힌 행동이 주는 미적 즐거움을 드러낸다. 이런 행동은 자발적이고 무심코 행해지면서도 "예술적 삶"을 증거하는 것이다. 우리는 근대 이래로 바로 이런 양상을 억압해 왔다. 근대에는 예술이라는 창조적 작업이 타인에게 무언가를 알리는 작품으로 귀결되어야 하는 것이다. 반면에 파이프 담배 피우기라는 모델에서 개인의 편차는 마술적 의례에서와 같은 하나의 스타일을 발생시킨다. 이런 마술적 의례도 일단은 즐거움만 안겨줄 뿐 엄밀한 의미에서는 무의미한 것이다. 물론 파이프 담배 피우기와는 달리, 한 인간의 전체를 엄습하여 황홀경에 빠뜨리기는 하지만 말이다. "다시 말해 파이프, 연초, 흡연 도구들이 어떻게 다루어지는지, 하나하나의 행동이 얼마나 경건하게 행하여지는지, 담배 피우는 사람이 그러면서 이러한 행동의 부조리함을 어떻게 끊임없이 의식하는지를 관찰한다면, 종교적 체험이 의미하는 것의 맨 가장자리에서 움직이고 있음을 느낄 것이다. 가장자리 너머로 발을 디뎌 심연으로 떨어지는 데에는 단 한 걸음이면 충분하리라. 다도 의식에서 단 한 걸음을 내딛듯, 아니 움반다[80] 의식 동안 파이프 담배를 피우며 단 한 걸음을 내딛듯."

플루서는 자신의 책에서 몸짓과 사물, 기술과 산물의 다중우주를 펼친다. 그렇게 함으로써 자신이 철두철미 자신의 지각과 자신의 언어에 근거하는 사상가임을 보여준다. 이런 일은 오늘날 드물어졌다. 우리는 그를 경유하여 이런 일을 다시 발견할 수 있을 것이고, 그의 글을 통해 이런 일을 하도록 선동되어야 할 것이다. 몸짓을 하지 않고는 사유도 불가능하다. 실제로 글이나 말로서의 사유는 몸짓의 저항과 유혹에 맞서 실현된다. 마치 예술 창작이 기술의 메커니즘에 맞서 실현되듯이. 표현되어야 할 것은 이러한 저항과의 유희를 통해 비로소 펼쳐지며, 여기서 작가는 글쓰기나 말하기의 과정에서야 비로소 전개되는 그것에 곧잘 놀라게 된다. 그래서 모든 사유는 바로 자극과 저항을 통해 자신이 흘러갈 길을 찾아내는 방식에 의해 나름의 스타일을 가지게 된다. 그리고 플루서의 스타일이야말로 그가 독자들에게 기대하는 스타일이기도 하다. 즉, 어느 지점에서든지 시작하여 대상에 대한 사유 과정에 얽혀들어 가서 과연 어디에서 끝날지 보는 것이다. 물론

80 아프리카 신앙, 가톨릭, 심령주의, 브라질 토속종교 등으로 이루어진 브라질의 혼합종교.

이는 추상회화와 마찬가지로 때로는 순조롭게 이루어져서 마음을 사로잡지만, 때로는 그다지 마음을 끌지 않는다.

독일어권 나라들에서 새로운 미디어와 과학적 인식에 의한 문화적 변화를 해석하는 데에만 골몰하던 바로 그때, 인문학적이면서도 종교적인 배경을 지닌, 뛰어난 웅변가이던 철학자 빌렘 플루서가 있었다. 그는 우리가 한 걸음씩 그리로 들어가고 있는 새로운 시대를 위험이 아니라 모험이나 기회로 보고자 했다. 무엇보다도 그를 돋보이게 한 것은 그의 현상학적 단초였다. 그는 이를 통해 모든 기술을 인간 몸짓의 표현 형식이나 인간 몸짓의 발명으로 서술하려고 했는데, 이들은 따로 혹은 같이 하나의 세계상을 구성하는 것이다. 그는 컴퓨터 기술이야말로 문자의 발명이 가져온 전환에 견줄 만한 획기적 전환이라고 확신했기에, 문자를 넘어서고 문자로 이루어진 비판과 계몽의 세계를 넘어서는 수학적인 추상화로부터 어떤 새로운 이미지적 사유가 발전해 나온다고 믿었다. 늘 새롭게 기획되기에 차곡차곡 쌓이지 않는 그의 수많은 사유의 단초들에서, 그는 특히 이미지 기계, 사진기, 비디오, 컴퓨터 이미지가 어떻게 철학적 인식 방법으로 해석될 수 있는지 보여주고자 했다. 그의 책 《사진의 철학을 위하여Für eine Philosophie der Fotografie》에서는 이 점이 그다지 명확하게 드러나지는 않는다. 여기서는 사진 찍기 그 자체를 대상 선택, 빛의 반사를 포함한 대상 조작, 그리고 필름 노출에서 이루어지는 철학적 행위로 이해하기 때문이다. 여기에 상응하여 그는 사진을 찍는 사람과 기계의 메커니즘이 일체를 이룬다는 데서 출발한다. 사진이 가령 회화에 비해 새로운 점은, 장면이 하나의 이데아를 재현하는 것이 아니라 자신을 현전시킨다는 사실이다. 그렇지만 이 부분에서 분명한 것은 사진을 찍는 사람은 4차원 세계를 2차원 세계로, 영화를 찍는 사람은 4차원 세계를 3차원 세계로 전환시키는 힘을 지니지만, 그 자유도는 메커니즘에 의해 제한된다는 점이다. 그러나 이 메커니즘은 다른 한편 새로운 가능성을 열어 놓는다. 사진기는 이미지 제작을 자동화하므로 그 맹아에서부터 어느 정도는 "지능적인" 기계이며, 따라서 인간이 노동에서 해방되어 놀이하는 사람이 될 수 있음을 이미 시사한다.

플루서는 사진기나 다른 기계들과 관련하여, 이런 기계 이전의 어떤 것은 더 이상 존재하지 않으며, 이제 "장치" 및 작동 합리성이 우리의 운명이 되었다고 강조한다. 오늘날 기계로부터의 해방을 요구하는 것은 궁핍함을 신봉하는 것과 다름없지만, 그 반면에 기계에 의한 해방은 소비하는 삶으로 이끌어 간다. "장치가 설치되었으니 이제 기능하는 일밖에 남지 않았다." 그러면 세계는 더 이상 특정한 목적을 지향하여 변화하지는 않을 것이다. 기능함은 기능함 자체를 위해 일어난다. 마치 예술을 위한 예술처럼. 장치는 노동도 없고 유토피아도 없으며 그래서 의미도 없는 탈역사적 삶을 실현한다. 이제 의미들, 정보들은 다만 변환되기 때문이다.

그런데도 사진, 그리고 움직이는 사진인 영화는 여전히 재현의 기술이다. 사진을 찍는 사람이 장치에 맞서고 그 대상화에 맞서 싸운다고 하더라도 말이다. 이런 기술은 외부를 재현한다고, 어떤 객체를 증언한다고, 어떤 식으로든 객관적이라고 암시한다. 이에 비해 컴퓨터로 생산하는 이미지는 어떤 다른 인식 모델을 제안한다. 이런 이미지를 우리가 세계와 맺는 관계의 범례로 이해한다면, 그것은 세계 안의 무언가를 재현하거나 증언하지 않는다. 그것은 그 자체로는 무의미하고 무관심한 연산들을 시각적으로 번역한 것일 뿐이다. 이런 연산들은 이처럼 형상들로 투영될 수 있지만, 물론 이와는 전혀 다른 방식으로 계산될 수도 있을 것이다. 세계는 가상적이든 이른바 현실적이든, 꿈이고 피상이다. 또한 세계는 우리가 비트, 픽셀, 유전자, 소립자의 심층에 진입할 수 있다면 마음대로 형상화할 수 있을 어떤 화면이다. 플루서는 이 소프트한 세계, 그럼에도 기술과 과학에 지배되는 세계에서 살면서 생각할 수 있게끔 우리를 준비시키는 것을 자신의 사명으로 여겼다.

선형적이고 비판적이며 설명적인 사유로부터 이미지

사유로 한 걸음 나아갔다면, 글도 다르게 써야 한다. 이미지 사유는 스스로를 투영함을 의식하는 사유, 객관성에의 관계에서 완전히 벗어난 사유이기 때문이다. 플루서가 저서 《만일Angenommen》과 《흡혈 오징어Vampyrotheutis infernalis》에서 시연한 이론적 허구는 이러한 이행을 위한 새로운 글쓰기였다. 플루서는 이러한 글쓰기가 실제로도 이미지로 번역될 수 있기를 바랐다. 이런 이미지는 담론보다도 조밀하게 압축할 수 있는 것이다. 이미지로 사유한다는 것은 수학 공식에서처럼 여러 관계식을 동시에 포개어 쌓을 수 있다는 의미이며, 문법이라는 함정에서 빠져나온다는 의미이다.

그러나 플루서는 노동에서 해방된 채 스스로를 투영하는 바닥없는 유희인의 몸짓을 온전히 믿지는 않았다. 작동합리성은 "탐색의 몸짓"에서 근대의 과학적 탐구와 결합한다. 하지만 그는 장치에 대한 숙명론적 긍정에 반대하면서, 윤리적으로나 미학적으로 중립적인 순수한 탐구라는 과학적 몸짓을 비판한다. 이런 몸짓은 비인간적인 데다 "기만적"이기 때문이다. 오늘날 우리가 살아남고자 한다면 더 이상 세계는 객체이며 인간은 조작하는 주체라고 보아서는 안 된다. 세계를 그 안에 있는 인간을 위한 환경으로 보아야 한다. 우리는 외재적 관점에서 내재적 관점으로 이행해야 한다. 플루서에게 임박한 "관심의 혁명"을 방증하는 것은 놀랍게도 원격테크놀로지였다. 원격테크놀로지는 멀리 있는 것을 이리로 가져오고, 떨어져 있는 것의 반대인 가까운 것을 가치 있다고 표현하기 때문이다. 분명해지는 것은 "연구자는 어떤 환경에 착근해 있으며, 이 환경은 가까이서나 멀리서 그의 관심을 끈다는 점이다. 환경에는 연구자가 생생한 관심을 기울이게 만드는 양상들도 있고, 연구자의 마음을 거의 움직이지 못하는 양상들도 있다. 연구자의 관심을 끌수록 그 양상은 그에게 '현실적'이다. 관심의 강도, 즉 '가까움'은 현실성의 척도가 된다." 따라서 가까움, 나아가 근접학은 연구마저 실존화한다. 그리고 플루서에게는 이로부터 전자와 텔레마틱의 시대의 이웃사랑[81]이라는 새로운 윤리도 생겨난다. 이 윤리는 책임들로 이루어진 하나의 그물로서, 모든 지역적 속박에서 벗어나 지구를 포괄하면서도, 어떤 구체적인 것, 다시 말해 국지적인 것이다. 그러므로 인간이 몸짓과 사물에 의해 다중화될 뿐 아니라, 세계도 인식의 단편들과 세계상들로 분해되고 이것들이 공허로 투영되면서 새로운 것이 생겨난다. 이것 역시 탈역사이다. 그러한 기투는 과거로부터 미래를 향하는 어떤 의미를 실현하는 것이 아니라, 끊임없이 새롭게 발견되고 변화하는 공허와 바닥없음으로부터 생겨나기 때문이다. 부조리한 우주에 의미를 투영하는 이 인간의 근원적 능력을 폐기하거나 그

81 여기서 "이웃사랑"으로 옮기는 독일어 Nächstenliebe는 문자 그대로는 "가장 가까운 이에 대한 사랑"으로서, "가까움Nähe"에 대한 바로 앞의 논의와 관련된다.

릇되게 접지接地하여 마비시키는 것이 아니라, 그 파괴적 속성에도 불구하고 그 능력을 개방하고 수용하는 것. 플루서의 사유와 실존주의적 현상학의 핵심 동기는 바로 그것이었다.

사물과 비사물

초판 1쇄 발행 | 2023년 5월 31일

지 은 이 | 빌렘 플루서
옮 긴 이 | 김태희 · 김태한
펴 낸 이 | 이은성
기　　획 | 이한솔
편　　집 | 홍순용
교　　정 | 이한솔
디 자 인 | 파이브에잇
펴 낸 곳 | 필로소픽
주　　소 | 서울시 종로구 창덕궁길 29-38, 4-5층
전　　화 | (02) 883-9774
팩　　스 | (02) 883-3496
이 메 일 | philosophik@naver.com
등록번호 | 제2021-000133호

ISBN 979-11-5783-295-8 93100

필로소픽은 푸른커뮤니케이션의 출판 브랜드입니다.